市场调查与预测—前沿方法

宋连莲　刘　帆　李燕君◎主编

吉林大学出版社

·长春·

图书在版编目（CIP）数据

市场调查与预测：前沿方法 / 宋连莲，刘帆，李燕君主编 . -- 长春：吉林大学出版社，2024.12.
ISBN 978-7-5768-4483-2

Ⅰ．F713.52

中国国家版本馆 CIP 数据核字第 2024LP6958 号

书　　名	市场调查与预测—前沿方法
	SHICHANG DIAOCHA YU YUCE — QIANYAN FANGFA
作　　者	宋连莲　刘　帆　李燕君　主编
策划编辑	殷丽爽
责任编辑	张宏亮
责任校对	安　萌
装帧设计	守正文化
出版发行	吉林大学出版社
社　　址	长春市人民大街 4059 号
邮政编码	130021
发行电话	0431-89580036/58
网　　址	http://www.jlup.com.cn
电子邮箱	jldxcbs@sina.com
印　　刷	天津和萱印刷有限公司
开　　本	787mm×1092mm　1/16
印　　张	12.5
字　　数	260 千字
版　　次	2025 年 6 月　第 1 版
印　　次	2025 年 6 月　第 1 次
书　　号	ISBN 978-7-5768-4483-2
定　　价	72.00 元

版权所有　翻印必究

前　言

"营销是以盈利的方式满足市场需求。"腾讯的 QQ 满足人们互联网交流的需求；阿里巴巴创建淘宝平台，满足消费者便捷的网上交易；拼多多将人们获得最大程度的优惠落到实处。要实践营销，决策者需要做出决策。核心竞争力是什么？如何利用这些核心竞争力为消费者创造价值？谁是我们的消费者，如何与他们合作？管理者总是需要信息来做出更好的决策。市场调查与预测正是满足管理者的信息需求的一种市场方式。

市场调查与预测，简称市场调研，其归属于第三方机构，咨询机构、研究院和高校，衔接客户和供应商的角色，其独特之处在于从各个角度支持和推动新思维，无论是强调研究人员正在创造的新技术，通过调研帮助客户解决问题，探索传统和新兴调研方法，或将因果探索的方法应用于日常商业营销策略等。市场调研的本质在于不断地接受信息，对其进行处理，后将其投入营销策略，即收集信息以做出更好决策的过程。

商业世界正在迅速变化。新技术继续以前所未有的速度改变竞争格局。数字媒体以前所未有的速度扩张，移动设备和应用程序每天 24 小时为消费者提供信息。越来越多的人不断收集和发送信息。消费者有能力实时获取其他消费者产生的反馈。大数据和数字媒体时代要求管理者跟上步伐，理解和应对不断变化的经济形势。管理者必须确定要生产什么产品或提供什么服务，哪些广告方法最有效，哪些价格将有助于公司实现目标投资回报率，以及哪个分销系统将为供应链增加最大价值。在一个快速变化的世界里，需要做出好的决定，这就是为什么市场调研如此有价值！

市场调研因互联网技术的快速发展发生了深刻的变化。典型的带着速记本的调查和打断晚餐的电话采访逐渐成为过去。线上调研方法占据主导地位。以自动化和人工智能为代表的新技术颠覆了传统调研方式，这为教材的编制提供了一个大胆创新的机会。将信号与噪音分开，帮助企业准确识别什么是新的，尖端的，如何以实现业务目标的方式展示创新。本书将帮助读者了解市场调研，从而更好地理解如何利用它在一个前所未有的变化世界中进行管理。

本书是方法论教材，主要介绍市场调查和市场预测的方法。共设立 11 章，第一章概述，主要论述市场调研的涵义、功能、和市场价值。第二章至第七章介绍市场调查的方法：分为一手数据和二手数据的调查方法，以及调研数据分析方法。第八章至第十章阐述市场预测理论和方法：包括时间序列预测法和非时间序列预测法、人工智能和神经网络等前沿方法。第十一章阐述市场调查与预测报告的撰写。

　　本书参考了三本教材。第一本是潘连柏、杨沛、吴小娟，《市场调查与预测（微课版）》，（作者：潘连柏、杨沛、吴小娟；中国工信出版集团，人民邮电出版社）。该书对知识点的阐述较为细致，但是较为缺乏案例。第二本是《市场调查与预测》（作者：庄贵军；北京大学出版社）。该教材内容讲解较深刻，不但让学生知道做什么，还让学生知道为什么这样做。但是教材的市场调研和预测方法还停留在传统方法阶段，例如观察法、实验法、询问法等。第三本是外文教材，由阿尔文.C 伯恩斯（Alvin C. Burns）, 罗纳德 .F. 布什（Ronald F. Bush），于洪彦改编，《营销调研（Marketing Research）》，（中国人民大学出版社）。该教材在内容的安排上更多的照顾到本科生的接受能力，以介绍理论和方法为主，数据分析和预测方法较少。该教材是翻译版本，里面用的都是国外的企业案例。难以反映中国的市场背景和时代背景。

　　本书相对于其他教材的特色体现在如下四点：1）市场调查和预测的方法趋于前沿化、时代化和智能化。聚焦当下大数据和人工智能的时代特色，本书在介绍基本市场调查与预测方法的基础上，教授符合时代需求的调查和预测方法，比如 AI 市场调查法、量化实验调查法、神经网络预测法、机器学习等。结合基础方法和时代化和智能化的前沿方法，能够将学生武装成胜任当下时代市场需求的人才。2）实例性叙述更加细致。本书在介绍每一种市场调查与预测方法时，采用理论兼举例说明，让每一个知识点渗透到实际案例中，有现实的应用背景。例如讲解 AI 市场调查的内容时，举起说明 AI 在数据收集中的主要功能，举例说明在银行智能机器人的行为和数据收集的过程。3）采用实际数据案例做方法论的应用和检测。本书在介绍方法论以后，用实际的案例及相关数据，说明方法的使用过程。对调研和预测方法有足够清晰准确的说明。在每章的结尾，我们提供至少两个案例，来说明本章重点内容的应用背景和方法应用。并用实际的数据讲述方法的使用过程。4）案例丰富。本书使用大量的案例，支撑理论方法。每一章都有中国本土案例的配套说明。此外，在本书的结尾，将提供开放性的案例，作为市场调查与预测的练习案例。

　　本教材《市场调查与预测—前沿方法》阐述了在中国市场背景下，以当下数据和 AI 发展为时代需求，介绍前沿的市场调查和预测方法。能够有效解决当下实际市场问题。具体而言，本教材适应市场发展需求，以此教材为培养对象的学生，能够具备满足当下市场技能需求的人才。教材主要以中国市场为背景，以 AI 发展为时代需求，介绍前沿的市场调查和预测方法。例如以大数据为背景的机器学习预测方法，以量化推导为理念的量化实验调查法等。能够有效解决当下实际市场问题。

本教材适合大学生（本科和专科生皆可），主要适用于工商管理专业、市场营销专业、大数据管理专业、人力资源管理专业、战略管理专业、电子商务专业等的核心课和必修课教材，同时也适用于国际贸易专业、金融专业和管理科学与工程专业的选修课教材。本教材也可用于零售和培训班。教材里面有大量的实时案例，可对照用于零售店的市场调查和预测，以及用于培训班的强化练习。

目 录

第一章 市场调查与预测导论 1
第一节 认识市场调查与预测 2
第二节 市场调查与预测的产生与发展 5
第三节 市场调查的范围和程序 7

第二章 市场调查种类及方案设计 13
第一节 市场调查的种类 15
第二节 市场调查方案设计 22

第三章 二手数据收集 33
第一节 二手数据概述 33
第二节 订购二手数据 38
第三节 二手数据的网络收集方法 41

第四章 一手数据收集 47
第一节 量化实验调查法 48
第二节 访问调查法 51
第三节 网络调查法 56

第五章 问卷设计 63
第一节 问卷设计概述 64
第二节 问卷语句与量表设计 69

第六章 抽样方法与样本量 80
第一节 等概率抽样 81
第二节 非等概率抽样方法 86
第三节 样本容量的确定 90

第七章 调查数据分析 102
第一节 描述性统计分析 103
第二节 差异分析 107
第三节 关联分析 114
第四节 回归分析 123

第八章 市场预测原理 131
第一节 市场预测概述 131
第二节 市场预测的程序 138
第三节 市场预测精确度分析 144

第九章 大数据在市场调查与预测中的应用 150
第一节 大数据概述 151
第二节 神经网络基础 156
第三节 卷积神经网络 169
第四节 循环神经网络 179

附录 A 188

附录 B 189

参考文献 190

第一章　市场调查与预测导论

【学习目标】
◎掌握市场调查与预测的内涵
◎理解市场调查与市场预测的逻辑关系
◎了解市场调查的范围和作用
◎熟知市场调查的操作过程

引例：快时尚巨头 ZARA 的大数据营销

ZARA 的成功以"快"出名。灵敏的供应链系统，多品种少量、制售一体的效率化经营，使众多服装企业难望其项背。除了台面上的设计能力，台面下的资讯／数据大战，更是重要的隐形战场。ZARA 推行的海量资料整合，通过线下实体店和线上网店的信息收集分析，最终各方信息被分类处理，成为设计、生产、销售的指引。

ZARA 的大数据建设体现在诸多方面：走进 ZARA 店内，柜台和店内各角落都装有摄影机，分店经理随身带着平板电脑。当客人向店员反映类似"这个衣领图案很漂亮""我不喜欢口袋的拉链"等细枝末节的信息时，店员会立即向分店经理汇报，经理则通过 ZARA 内部全球资讯网络，每天至少两次传递资讯给总部设计人员，最后由总部作出决策后通知生产线，改变产品样式。

此外，每天关店后，销售人员结账盘点每天货品上下架情况，并统计客人购买率与退货率。再结合柜台现金资料，交易系统制作当日成交热度分析报告，分析当日产品热销排名，然后数据直达 ZARA 仓储系统。

ZARA 目前在全球多个国家成立线上商店，提高了网络巨量资料的串联性。线上商店具有强化双向搜索引擎、资料分析的功能。线上的交易行为，顾客的意见可以及时回馈给生产端，也可以为消费者提供更准确的时尚讯息。线上商店除了交易行为，也是活动产品上市前的营销试金石。ZARA 通常先在网络上进行消费者意见调查，再从网络回馈中，收集顾客意见，以此改善实际出货的产品。在网络上抢先得知 ZARA 资讯的消费者，进实体店面消费的比率也很高。[①]

---

① 腾讯云．三则案例告诉你：大数据触手可及 [R/OL]（2015-07-06）[2024-10-18].https://cloud.tencent.com/developer/article/1043149.

思考：ZARA 哪些行为体现了市场调查？对我国时尚快消品的发展有什么启示？

第一节　认识市场调查与预测

商业世界正在迅速变化。数字经济时代要求管理者跟上时代步伐，理解和应对不断变化的市场格局。具体而言，管理者必须准确地判断要提供什么产品或服务，哪些广告方法最有效，如何定价才能早日实现投资回报，哪种分销系统能带来最大价值。对于这些问题的回答，需要系统且严谨的市场调查与预测。本书将帮助读者了解市场调查与预测，以及如何利用它来生成决策、指导管理工作。

一、市场调查与预测的内涵及二者关系

（一）市场调查的内涵

市场调查又称市场营销调研、市场调研或市场研究。美国学者菲利普·科特勒（Philip Kotler），加里·阿姆斯特朗（Gary Armstrong）将营销调研定义为系统地设计、搜集、分析和提交关于组织面临的具体营销情况的相关数据。企业在很多情况下都需要营销调研。营销调研可以帮助营销人员了解顾客满意度及购买行为，评估市场潜力和市场份额，衡量定价、产品、分销和促销行为的效果。

美国学者阿尔文·伯恩斯（Alvin Burns）将市场调查定义为"收集、分析和解释与营销有关的信息来支持决策制定的过程"。强调调查的目的是获取与营销有关的信息，并倡导在市场营销活动中采取科学、系统的调研方式。

美国市场营销协会（AMA）给市场调查下的新定义：市场调查是一种通过信息将客户、企业和调研人员联系起来的一系列功能的集合，这些信息用于识别和定义营销机会和问题；制定、完善和评估营销行动；监控营销绩效；并加深人们对营销过程的理解。

结合以上学者的分析，本书认为市场调查是设计、收集、分析和报告可用于解决特定营销问题的信息的过程，如确定价格或确定最有效的广告所需的市场信息。市场调查的重点是产生用于决策或解决特定营销问题的信息，供营销管理人员了解营销环境，发现市场机会与问题，并将其作为市场预测和营销决策的依据。

小链接：互联网大数据时代的市场调查

互联网市场调查是指针对企业特定的营销问题，采用互联网的方式或思维，运用互联网技术，系统地、客观地收集、整理、分析、解释和沟通有关市场营销各方面的信息，为营销管理者制定评估和改进营销决策提供依据。

互联网对市场调查的影响主要体现在提高调研效率、降低成本、增强数据的准确性和实时性方面。

互联网使得市场调查公司能够快速地设计问卷、发布问卷和收集数据，同时实现数据的自动整理和分析，大大提高了数据处理的效率。此外，互联网能够帮助市场调查公司及时掌握市场动态，了解市场需求和消费者行为，为政府和企业提供有针对性的市场需求分析报告，帮助政府和企业制定更加合理的市场策略。

互联网技术的应用不仅提高了市场调查的效率和准确性，还降低了调查的成本，增强了数据的实时性，为市场营销决策提供了更加科学和有效的支持。[①]

（二）市场预测的内涵

市场预测是指企业在通过市场调查获得一定资料的基础上，针对企业的实际需要以及相关的现实环境因素，运用已有的知识、经验和科学方法，对企业和市场未来发展变化趋势作出适当的分析和判断，为企业营销活动等提供可靠依据的一种活动。市场预测为决策服务，可提高管理的科学水平，降低决策的盲目性。企业需要通过市场预测来把握经济发展或者未来市场变化的有关动态，降低未来的不确定性，减少决策可能遇到的风险，使决策目标得以顺利实现。市场预测包括市场需求变化预测、市场供给预测、消费结构变化预测、市场环境预测、产品价格预测、市场占有率预测、生产技术变化趋势预测等。

（三）市场调查和市场预测的关系

市场调查和市场预测是两个相互关联的概念，它们在市场营销和决策过程中发挥着重要的作用，两者的关系主要体现在以下几个方面。

1. 市场调查是市场预测的基础

市场调查涉及对市场过去和现在的状况进行调查研究，以了解市场的发展变化轨迹、特点和规律。这些调查结果为市场预测提供了必要的信息资料。

2. 市场预测是市场调查的延伸和深化

市场预测是在市场调查的基础上，通过对市场历史和现状的认识，预计和推测市场的未来发展趋势。

3. 市场调查与市场预测具有前后相继的关系

市场调查不仅为市场预测提供目标和方向，还能验证和修正市场预测的结果。

总而言之，市场调查和市场预测是市场营销活动中不可或缺的两个阶段，它们共同为企业的科学决策和营销计划的制定提供依据。

---

① Zoho. 市场调研利器 网络问卷的优势及面临的挑战 [R/OL]（2024-09-28）[2024-10-18].https://blog.itpub.net/69942407/viewspace-3034393/.

二、市场调查与预测的作用

（一）识别市场机遇和问题

市场调查与预测的第一个作用是识别市场机遇和问题。企业会为新产品或服务提出很多想法，但哪些产品最有可能获得良好的投资回报率？市场调查与预测旨在找出消费者的需求是什么？市场问题是什么？这就需要企业识别市场机遇和问题。例如，昂贵的油价困扰着消费者，加之政府低碳出行的呼吁，某米开发了物美价廉的新能源汽车。消费者希望以极其优惠的价格购买日常用品，某多出现了。为了方便付费，某里推出了某付宝，某讯推出了微信支付功能。然而，市场机遇和问题往往很难识别。出现在管理者面前的，大多是市场问题的症状（如销售额下降、市场份额下降等），而确定症状的根结需要精密的市场调查与预测。

（二）定位目标市场

市场调查与预测有助于定位目标市场。企业需要进行大量的市场调查以确定各个细分市场的规模。管理者不仅想知道电动汽车的细分市场的规模，还想知道该细分市场是在增长还是在萎缩，以及竞争对手在多大程度上满足了该细分市场的需求。如果市场调查与预测表明，部分市场需求没有得到满足，或者在竞争中没有得到很好的满足，那么这个细分市场就是一个理想的目标市场。可见，市场调查与预测有助于定位目标市场。

（三）挖掘营销契机

市场调查与预测有助于管理者挖掘与产品、定价、促销和分销相关的营销契机。

企业不断寻找新的产品和服务。市场调查可以从产品创意开始，使企业能够快速、低成本地了解消费者对新产品的接纳程度。定价调查可以帮助管理者评估消费者在新产品中感知的"价值"，并以此定价。定价调查还可以确定消费者对不同类型的定价策略的反应，如"买一送一"和"半价"。市场调查有助于促销活动如广告、促销、优惠活动的顺利开展。例如，某面包店在2015年发起了一项名为"面包你我他"的活动，以提高人们对巧克力杯（一种下午茶小面包）的认识。研究表明，这次促销非常成功，巧克力杯的销售额比前一年增长了300%。

与分销相关的市场调查可以回答如下问题：将产品带给消费者的最佳渠道是什么？产品的最佳经销商在哪里？应该使用多渠道分销吗？应该有多少经销商？例如，某逊在向公众推出之前，与员工一起测试了西雅图的无收银员便利店"亚马逊出发"，以便发现该销售渠道存在的技术难题。

(四) 监控营销绩效

市场调查可获得营销活动实施前后的市场销售数据和相关信息，有效监控该营销活动的绩效。例如品牌打折前后的销售额以及竞争对手的销售额，可监控该折扣活动的运行效果。尼尔森公司跟踪了多家超市产品的销售数量、出售的连锁店、零售价格等信息，基于这些信息做分销渠道的绩效监测。追踪社交媒体上人们对公司、品牌和竞争对手的评价信息，可有效监测营销活动是否获得消费者认可。例如，针对某宝平台上销量排名前10的服装品牌，某里追踪调查了其消费者评价，并对关键词进行分析，更改营销策略。

第二节 市场调查与预测的产生与发展

市场调查是随着产品生产和产品交换的发展而产生的，随着商品经济的发展，企业面临的市场规模也随之扩大。企业经营者虽然可以凭借个人的经验进行企业管理，但是会受到科学技术和经营管理水平的限制，所以产生了能够帮助经营者制定科学决策的市场调查。

一、市场调查的萌芽阶段

市场调查起源于工业革命阶段，工业革命使西方的经济得到了极大的发展，市场规模也随着扩大，市场的变化对企业的生产产生了巨大影响，企业开始重视对市场变化的市场调查，这一时期的企业主要凭借传统经验进行管理，市场调查并没有形成独立的学科。据有关文献资料记载，最早的大规模调查始于1824年7月，美国哈里斯堡的《宾夕法尼亚人报》进行了一场对总统竞选的选票调查。1879年，美国N.W.Ayer广告公司为农业设备制造商进行了一次对本地官员的市场调查。1911年，美国柯蒂斯出版公司编写了《销售机会》一书，在该书中，提出了访问调查法、观察调查法、统计分析法等市场调查方法，成为市场调查最早的著作之一。

二、市场调查的发展阶段

20世纪20年代，美国的许多企业先后设立市场调查的类似机构，收集市场信息资料，研究市场营销活动。1923年，美国的尼尔森（Nelson）开始创建专业的市场调查公司。20世纪30年代，美国市场营销协会成立，并出版了《市场调研技术》，为市场调查学科的形成奠定了基础。与此同时，美国成立了多家专门从事市场调查的公司，出版了很多关于市场调查的专著，使市场调查理论和实践都得到了较快发展。20世纪40年代很多有关市场调查的书籍陆续出版，越来越多的学校开设了市场调查课程。在此期间，问卷调查、抽样调查和焦点小组访谈等方法都得到了广泛应用。

三、市场调查的成熟阶段

1950年以来，计算机技术在市场调查中得到了广泛应用，美国尼尔森公司采用统计方法计算电视收视率。通过计算机进行的大量抽样调查和统计软件的开发，使得市场调查成为极具发展潜力的新兴产业。这一时期成立了一大批著名的调查公司，并且很多国家成立了全国性的市场调查协会，如美国市场营销协会、欧洲民意和市场调查学会。

20世纪80年代初期，市场调查进入中国，它是伴随着市场经济的确立而逐步成长起来的。1984年，北京社会发展研究所在内部成立了社会调查中心，这是较早的有案可查的调研机构的开始。1986年，北京社会调查所（后改称为中国社会调查所、中国市场调查所）和北京社会调查事务所（后改称为中国社会调查事务所成立），最早将民意调查结果推向媒体。1988年7月，广州市场研究公司正式注册成立，这是中国第一家以"公司"命名的有偿服务的专业市场调研机构。1991年下半年，在北京、广州又诞生了数家调研机构，但真正有较多调研机构成立的时间是在1992—1993年。1998年，我国市场调查行业协会筹备委员会正式成立，2001年，正式成立"中国信息协会市场研究业分会"。2004年4月，中国市场信息调查业协会成立于北京。虽然，我国市场调查行业的建立和理论研究起步比较晚，但是发展速度快，尤其是计算机信息技术迅速发展的当今社会，我国高校大多开设市场营销和市场调查相关的课程，为市场调查进行人才培养，各大市场调查机构开始在市场经济发展中发挥着越来越重要的作用。

四、市场调查的创新阶段

进入21世纪，经济全球化进程加快，大数据技术的广泛应用，使得市场调查可以借助互联网大数据和云计算等技术，开展网络调查和全球市场调查。我们已经进入数字时代，调查活动日益智能化。调查公司也开始使用现代信息技术开展规范化的市场调查，市场调查的对象、数据获取渠道和数据获取方法都有了新的发展。

我国电子商务发展成为未来经济发展的大趋势，在电子商务营销过程中积累的顾客信息、销售信息等使得可以实现"精准营销"。大部分市场调查公司会充分利用新兴社交媒体进行资料的收集和挖掘，互联网可以给市场调查提供更广泛更快捷的商业情报。最后，企业可以通过大数据信息提供商获得大量顾客数据，可以精准了解顾客的需求。

第三节 市场调查的范围和程序

一、市场调查的范围

（一）市场需求和供给调查

市场需求是指一定的顾客在一定的地区、一定的时间、一定的市场营销环境和一定的市场营销计划下对某种商品或服务愿意而且能够购买的数量。市场需求调查是对市场消费的需求变化所进行的调查和研究，主要包括：需求偏好分析、需求结构研究、需求变化趋势调查等。

市场供给是指在一定的时期内，在一定条件下，在一定的市场范围内可提供给消费者的某种商品或劳务的总量。市场供给调查包括：商品供应能力调查、商品供应范围和供应来源等的调查。

（二）市场宏观环境调查

市场宏观环境是存在于企业经营活动外部不可控的因素和力量，企业的一切生产经营活动都要以市场宏观环境为基础，要认识和了解环境。市场宏观环境包括：政治法律环境、经济环境、科学环境、自然环境、文化环境。政治法律环境是指约束企业营销活动的国内外政治态势和发展方向，各种方针、政策、法规、条款、规章制度等。经济环境是指企业进行营销活动所面临的经济条件和发展状况、趋势等。科学环境是指给企业营销活动带来影响的科学技术，如新技术、新工艺、新材料等。自然环境是包括自然资源、地理环境和气候等的宏观环境。文化环境是一定社会形态下所表现出来的社会文化、价值观、审美观、宗教信仰、道德规范和风俗习惯等的总和。

企业的营销活动要以宏观环境为基础，只有充分认识和利用宏观环境、密切关注宏观环境变化，制定和调整营销策略，才能制定正确的营销决策，与时俱进。

（三）市场竞争者调查

市场竞争者是指在市场上与企业争夺相同客户群的企业或组织。它们提供类似的产品或服务，并且试图吸引相同的消费者群体。市场竞争者调查是市场调研的一个重要组成部分，它帮助企业了解其在市场上的竞争地位，以及如何更好地定位自己的产品或服务。市场竞争者调查包括：市场竞争格局调查、竞争者的市场绩效调查、竞争者的市场战略调查、竞争者的品牌策略调查和价格策略调查。市场竞争者调查需要查明市场竞争的结构和竞争变化趋势、了解主要竞争对手的情况以及竞争对手的各种营销策略，以便本企业应对竞争。通过对竞争者进行深入调查分析，企业可以更好地了解市场格局，并据此制定战略来优化自身的市场定位和竞争力。

（四）消费者调查

消费者调查是市场调查的一个重要组成部分，它旨在了解消费者的需求、偏好、购买行为以及其他相关的信息。这种调查对于企业和组织来说是非常有价值的，因为它可以帮助它们更好地了解市场趋势、消费者需求以及如何改进产品或服务。

消费者调查就是对消费者消费行为进行的调查，主要是针对消费者的使用习惯和态度的调查，又称U&A研究。主要包括：市场细分研究、消费者认知与偏好调查、消费者购买意向分析、消费者购买行为研究、忠诚度与满意度研究等。消费者调查对于任何希望在市场上取得成功的企业来说都是至关重要的。通过定期进行这类调查，企业不仅可以更好地满足消费者的需求，还可以在激烈的市场竞争中保持领先地位。

（五）市场营销组合调查

市场营销组合是现代营销学理论中的一个重要概念，企业通过产品、价格、渠道和促销的计划和实施，对外部不可控因素（如政治、法律、经济、人文等）作出积极动态的反应，从而促成交易和满足企业的目标需求。市场调查公司的客户涵盖了各个行业和领域，需要根据不同的客户需求和市场环境，制定和实施有效的市场营销组合策略。市场营销组合调查包括：产品需求分析、竞品研究、新产品测试、包装研究；定价研究；商圈研究、新店选址、渠道布局研究、渠道绩效测评、渠道诊断等；媒体接触习惯、文案测试、广告效果测评、促销效果测评、广告监测等。

二、市场调查的程序

当管理者必须作出决策，但掌握的信息不足时，就需要做市场调查与预测。由于调研需要时间和金钱，管理者必须权衡市场调研带来的潜在价值与市场调研的成本。当市场调研带来的潜在价值大于成本时，市场调查与预测才是必要的。管理者可通过考虑以下三种情况，来明确市场调查与预测的必要性（见表1-1）。

管理者通过其他渠道快速获得所需信息时，市场调查与预测是非必要的。对于日常决策来说，大多数管理者是靠经验而非额外信息作出的。对于发展较为成熟的企业，管理者熟悉市场状况，依靠市场信息的累积和经验，就可作出决策。有的企业有自己的市场信息系统，可以从信息系统内挖掘所需信息，无须做市场调研。例如，某里有个大型的决策支持系统。如果某宝平台的商家降低了产品价格，可以随时从信息系统里抽取该商家的相关信息，预测销售额，并完成相关决策。

表 1-1 市场调查与预测的非必要情形

调研可能不是最好的解决方案	需要考虑的情况
信息已可用	能否依据经验作出决策？
	能否从内部的市场信息系统中获得信息？
时间不允许	是否需要立即采取行动以保持竞争力？
	产品是否处于生命周期的末尾？
成本大于价值	是否进行了成本效益分析？
	市场调研项目的投资回报率是多少？

没有充分的时间时，市场调查与预测是非必要的。市场调查与预测是需要一定的时间才能完成的。尽管自动化调研技术大大加快了市场调研，但并不能完全满足现实中决策对时间要求。例如，一家汽车制造商推出了一种水上运行的氢发动机，其技术和功能是前所未有的。该公司是否需要进行市场调查来确定市场对该发动机的偏好？若要抢占市场，公司管理者需要迅速作出决策。这时候的调研时间是不充分的，无法进行系统的市场调查与预测。

当调研的成本明显大于从调研中获得的价值时，市场调查与预测是非必要的。例如，管理者通常使用成本效益分析、投资回报率等来权衡调研成本和价值。当成本过高或投资回报率不足时，就会放弃市场调查与预测。此外，市场调研的潜在价值的判断常与商业影响联系起来。例如，一项市场调研得出结论：替代方案 B 能提升消费者满意度。这个结论是无法满足企业决策的需要的。消费者满意度的提升应该与更大的客户保留率或更高的市场份额等联系起来。市场调研应该估计出更大的客户保留率和市场份额。

（一）确定调查问题

确定调查问题即为明确市场调查的问题所在，提出必要的研究假设。确定调查问题有如下环节：发现市场问题、了解问题背景、定义市场调研问题。

1. 发现市场问题

确定市场问题首先是要发现市场问题。市场问题可能来自未实现目标或发现了新的机会。未实现目标是指预期发生的事情与实际发生的事情之间存在差距。例如，零售商的销售收入随着时间的推移而减少，网站的转化率降低，或者广告活动未能提高品牌知名度。这些都是典型的市场问题。企业内部信息系统也会帮助管理者发现市场问题，如缺货、影响其他产品的促销活动、哪些地理区域对促销活动作出了回应。

当已经发生的事情和预期发生的事情之间存在差距时，机会就会出现。例如，在社交媒体上发现产品的新用途。而在识别机会的能力方面，企业之间存在很大的差异。一些企业有部门帮助发现和评估机会，也有企业授权其销售人员和其他一线员工提出市场问题。还有企业只有在看起来"陷入困境"时才会寻找机会。当这种情况发生时，可能为时已晚，因为竞争对手可能有了难以逾越的领先优势。

定义市场问题的步骤：

（1）熟悉公司、产品和市场的背景。

（2）了解决策者的环境、目标及资源。

（3）认识问题的征兆。

（4）探查问题的可能原因。

（5）提出可能的问题解决方案。

（6）预测这些举措的可能结果。

（7）评估已有信息的状况。

2. 了解问题的背景

通常情况下，管理者可能意识到了一个市场症状，或者观察到一种迹象，这些症状或者迹象表明存在市场问题。例如，客户满意度逐年下降，管理者意识到这个市场问题，但是不了解该问题的背景，难以进一步地分析问题。

要了解问题的背景，调研员必须进行情况分析，弄清楚问题的症状，并确定这些症状的可能原因。这时就需要与决策者进行充分的交流与讨论，明确决策者所面临的问题的性质、可能采取的对策、市场调查能解决什么问题等。同时，向行业专家咨询，进行行业关联分析；进行二手资料收集，补充从决策者和行业专家那里获得的信息；进行必要的定性研究，如采用小组座谈会或小样本的预调查等方法，从而全面准确地定义调查问题的背景。

3. 定义市场调查问题

市场调查是为了解决管理决策问题而实施的，所以需要把管理决策问题转化成市场调查问题。例如：管理决策问题是"是否研发新产品"，将其转化成市场调查问题就可能是"确定消费者对新产品的喜好""确定消费者对新产品的购买倾向""确定新产品的价格弹性""确定新产品的市场需求量"等。管理决策问题是以企业经营为主，以实际的企业症状的形式出现，以行为为导向。市场调查问题则是以信息为导向，着重确定解决管理决策问题所需要的信息。管理决策问题与市场调查问题的区别，如表1-2所示。

表 1-2 管理决策问题与市场调查问题的区别

管理决策问题	市场调查问题
决策者需要做什么	需要什么信息和如何获取信息
行动导向	信息导向
关注症状	关注潜在原因

（二）市场调查方案设计

市场调查方案设计主要包括确定调查目标、确定调查对象和调查单位、确定调查项目和内容、确定收集资料的方法、确定抽样方法和数据分析方法、调查进度和调查预算的安排以及调查机构的建立等。

市场调研方案应非常明确地定义市场问题并说明调研目标，以确保企业和调研机构的目标一致。详细论述的问题背景和调研方法，有助于提升决策者对调研员的知识和能力的认可度。企业接受市场调研方案后，该方案将作为决策者与调研者之间的合同发挥作用。

即使是为自己公司开展市场调研，也需要在调研之前提交方案。负责人可凭借该方案了解资金和员工的时间安排。有时，可用于调研的资金有限，调研部门须在全公司范围内与其他有价值的项目竞争。

市场调研方案要明示双方的责任和义务，甚至包含具体的工作小时数以及调研方法和成本结构。调研公司在签订合同之前无须提供增值服务，也不能重复使用类似公司的调研方案。

（三）实施调研

实施阶段应按照调查方案的要求，采用一定的调查方法收集市场信息资料，实际开始市场调查活动。在市场调查实施阶段，收集的资料包括一手资料和二手资料，一手资料是调查者通过各种调查方法对市场信息进行收集、整理和分析而得到的资料，一手资料结果可信度高、实用性强，就是需要耗费较多的费用和人力。二手资料收集的是已经加工过的次级资料，通过文案调查法从别人已经收集的各种调查资料中摘取和整理出来的有关市场的信息资料，二手资料的主要特点就是节省费用，但是资料的实用性没有一手资料强，需要对资料进行加工整理。

（四）分析和处理调查数据

这一阶段就是对市场调查获得的市场信息进行整理、分析，科学解释信息资料并得到结论。首先，需要对调查得到的资料进行审核，通过对资料的完整性、准确性、真实性进行审核,并按调查目的对资料进行分类汇总。其次,要对调查得到的资料进行编码,方便后期的数据分析,我们需要对封闭式问题进行编码,当然也可以在编制问卷的同时进行编码。开放式问题就要在这个阶段根据回答情况进行分类和编码。最后,就要采用科学的数据分析方法对资料进行数据分析,发现数据变化的规律,解释市场现象之间的区别和联系。统计分析主要包括描述统计和推论统计,统计分析结果可以编制成统计图或统计表,方便使用者了解分析结果,同时还可以使用相关分析、回归分析、聚类分析等方法进行分析。

(五)报告调查结果

调查资料分析完成后,调查人员要撰写调查报告,得出调查结论并提出对策建议。调查报告是对市场调查所有环节所做的全面总结的书面报告,通过文字、图表等形式把调查结果、研究结论和建议等展示出来的一个书面记录,也可以采用口头报告的形式。通过市场调查报告,使用者可以对市场调查现象、市场调查过程、结论等有系统的了解和认知。

第二章　市场调查种类及方案设计

【学习目标】
◎ 了解市场调查方案的概念
◎ 熟悉市场调查的种类
◎ 明确每种市场调查种类的使用情境和使用方法
◎ 掌握每种市场调查方案设计的撰写方法

引例：某洁市场调查案例

2005年下半年某洁的沐浴露产品——"某爽"的退市，不禁让人联想起三年前宝洁的洗发水产品——"某妍"的退市。

某妍是某洁旗下唯一针对中国市场原创的洗发水品牌，也是某洁利用中国本土植物资源的唯一的系列产品。曾几何时，某妍被某洁寄予厚望，认为它是某洁全新的增长点；曾几何时，无数业内、外人士对它的广告与形象赞不绝口；曾几何时我们以为又到了黑发飘飘的春天……但2002年的时候某妍已经全面停产，退出市场。

某研上市前后几年，中国洗发水市场竞争激烈。为此，某洁进行市场调查真正坚定调查员信心的是被访者不经意的话——总是希望自己"有一头乌黑的秀发，一双水汪汪的大眼睛"——这不正是传统东方美女的形象吗？

黑头发的东方人就是希望头发更黑！——原来的商业计划百密一疏，只见树木、不见森林。所以在产品测试阶段，某洁人再次通过调查反省了对产品概念、包装、广告创意等的认识，对原来的计划进行了部分修正。至此，某洁公司的"让秀发更黑更亮，内在美丽尽释放"的润妍洗发水就此诞生。

下面来具体介绍某洁在某妍上市前做了哪些市场调查的工作。

"蛔虫"调查——零距离贴身观察消费者。

一个称为"贴身计划"的商业摸底市场调查静悄悄地铺开。包括时任"某妍"品牌经理黄某在内的十几个人分头到北京、大连、杭州、上海、广州等地选择符合条件的目标消费者，和他们48小时一起生活，进行"蛔虫"式调查。从被访者早上穿着睡衣睡眼蒙眬地走到洗手间，开始洗脸梳头，到晚上洗发卸妆，女士生活起居、饮食、化妆、洗护发习惯尽收眼底。黄长青甚至会细心揣摩被访者的性格和内心世界。

调查中，某洁发现消费者认为滋润又具有生命力的黑发最美。某洁还通过一手、二手资料的调查发现了以下的科学证明：将一根头发放在显微镜之下，会发现头发是由很多细微的表皮组成的，这些称为毛小皮的物质直接影响头发的外观。健康头发的毛小皮排列整齐，而头发受损后，毛小皮则是翘起或断裂的，头发看上去又黄又暗。而润发露中的滋养成分能使毛小皮平整，并在头发上形成一层保护膜，有效防止水分的散失，补充头发的水分和养分，使头发平滑光亮，并且更有滋润。同时，润发露还能大大减少头发的断裂和摩擦，令秀发柔顺易疏。

某洁专门做过相关的调查试验，发现使用不含润发露的洗发水，头发的断裂指数为1，含润发露的洗发水的指数为0.3，而使用洗发水后再单独使用专门的润发露，断裂指数就降低到0.1。

中国市场调查表明，即使在北京，上海等大城市也只有14%左右的消费者会在使用洗发水后单独使用专门的润发产品，全国平均还不到10%。而在欧美、日本、中国香港等发达市场，约80%的消费者都会在使用洗发水后单独使用专门的润发产品。这说明国内大多数消费者还没有认识到专门润发步骤的必要性。因此，某洁推出某妍一方面是借黑发概念打造属于自己的一个新品牌，另外就是把润发概念迅速普及。

2001年5月，某洁收购某璐，表明某洁在植物领域已经对某研失去了信心，也由此宣告了某妍的消亡的开始，到2002年年底，市场上已经看不到某研的踪迹了。一个经历3年酝酿、上市2年多还不到3年的产品就这样退出了市场，人们不禁要问，为什么某洁总是能将其国际品牌成功落地，却始终不能成就本土品牌呢，无论是自创的还是拿来的，这也值得大家去思考。

1. 信息传播缺失，购买诱因不足

就现有成功运作的品牌而言，消费者真正的购买诱因更多地集中在植物、天然或品牌形象上，而黑头发的作用并不明显。事实上，黑头发我们都喜欢，也都认同，就像东方美一样，但是单纯东方美已经是我们所具有的特质，也是无法去感受到改变的，因此不会因为这个原因而有多少人去尝试购买，即使买了，也会因为效果不明显而放弃。由此我们不难发现，黑头发仅仅是符合现有消费者的认同和情感联想，而其他的支撑或利益才是购买诱因。这也就是为什么看某莲广告的人中有24%左右的人愿意尝试购买，而愿意购买某研的人不过2%的原因。某妍刚刚上市之初的策略还是较为有效的，突出中草药的概念而不是简单的黑头发，其所做的促销及赠品也都是在这一点上突破的。但是，遗憾的是，也许某洁以为，形象的作用更为明显，于是在中草药的概念尚未深入人心之际就开始转变策略，于是以黑头发为特征的广告，富有社会效应的赞助活动等不断上演，直至将某妍的品牌完全形象化。有人曾经作过简单的调查，发现大部分消费者都不知道某妍的中草药成分，更谈不上知道它的功能了。也许这是某妍失败的一个根源。

2. 品牌自视太高，遭遇渠道障碍

一方面，某洁以过去的经验确定某妍的价格体系；另一方面，经销商觉得没有利润空间而消极抵抗，致使产品没有快速地铺向市场，有广告见不到产品的现象在某洁也出现了。一些当时代理某洁的经销商现在总结某妍的失败就是只注重广告拉动，而忽视渠道推动。一贯作风强硬的某洁，当然不会向渠道低头，当然渠道也不会积极配合某洁的工作，某妍与消费者接触的环节被无声地掐断了。

思考：某洁在上市前的市场调查的问题在哪里？

答案：区域试销只选一个城市——杭州，未免样本太单一，起码应该多一个城市做对比，最好是选内地的如华中的武汉或者华西的重庆。还有就是花三年时间做太多、太久的市场调查，时间上拖得太长，造成很多资料过时而不准确。三年的时间，消费者的很多想法都会发生变化。

第一节　市场调查的种类

定义了市场问题、并明确了调查目标后，调研员需要对市场调查的种类进行分析。了解市场调查的种类可以针对不同的市场调查选择合适的调查手段和调查方法，以达到市场调查的目的。

按照市场调查的目的，市场调查可分为四个基本的种类：探索性调查、描述性调查、因果性调查和预测性调查。这四种调查种类的共同目标：

（1）获取问题背景信息并提出具体问题或是问题假设。

（2）测量市场变量的当下值或当前状况（例如，品牌忠诚度水平）。

（3）检验两个或多个变量之间的关系（例如，广告播放能够提升品牌忠诚度）。

（4）预测变量的变化趋势。

调查种类的选择也取决于调研者对市场问题和调查目标的了解程度。知道得越少，就越有可能使用探索性调查。只有当对市场问题有了较多的了解，并且正在寻找与市场问题或调查目标相关的变量之间的因果关系时，才使用因果性调查。本节将详细介绍与调查目标对应的调查种类。

一、探索性调查

（一）探索性调查的含义

探索性调查是一种非结构化的非正式调查，其目的是获取有关市场问题的背景信息。非结构化指的是探索性调查没有预先设定的一套调查程序或步骤。此外，探索性调查是非正式的，因为没有正式的调查目标、样本计划或问卷。探索性调查通常使用小的、不具代表性的样本。

探索性调查通常采用定性数据收集方法，如深度访谈、小组访谈、项目法、二手资料法等，以便获取消费者的心理动机、态度、感受、想法等深层次信息。例如，某汽车公司，让消费者用3个小时观察该公司生产的一款汽车，然后进行讨论，继而写出自己的故事，减少了推出新车型时的风险。又如，某咨询公司通过深度访谈和小组访谈方法，对新兴电子商务平台的用户进行了探索性调查，了解平台目标消费群体的特征、需求、偏好和购买行为等。

小链接：探索产品销量下降的原因

某公司向市场推出一种新产品，上市一年后，销量出现下降的趋势，企业想要通过调查分析了解为什么销售量下降？探索性调查可以做如下假设：

（1）公司的促销策略是否到位？

（2）公司的产品价格是否合理？

（3）公司的产品质量是否下降？

（4）公司的分销系统是否混乱？

（5）公司在市场上是否出现了竞争对手？

通过以上假设问题的初步研究，如果是竞争对手的产品吸引了消费者，导致公司销量下降，这时公司就应该进一步研究消费者购买竞争者产品的原因，来扭转不利的局面。

（二）探索性调查的用途

探索性调查的一般用途是获取背景信息、定义变量、明确问题和假设，以及确定调查重点。

1. 获取背景信息

当对问题知之甚少或问题还没有明确时，可以使用探索性调查来获取所需的背景信息。即使是最有经验的调研员也经常进行一些探索性调查，获取背景信息。探索性调查还有助于突破性的想法和新见解的产生。

2. 定义变量

探索性调查有助于定义调查变量。例如，通过探索性调查来定义一个变量，如"什么是服务质量满意度？"调研员发现，"服务质量满意度"是由几个维度组成的——安全、可靠、及时、保密和同理程度。探索性调查不仅可以确定服务质量满意度的维度，还可以说明如何测量每个维度。

3. 明确问题和假设

探索性调查使调研员能够更精确地定义市场问题，并形成假设。例如，测量银行形象的工作主要是针对银行的三种客户开展：零售客户、商业客户和为其提供收费服务的其他银行。探索性调查可收集不同客户群体的问题，有助于明确银行形象测量所要关注的主要群体。此外，探索性调查通过收集不同的相关变量，帮助制定假设。

4. 确定调查重点

探索性调查有助于确定市场调查的重点是什么。例如，常用的一种探索性调查是在某宝或某东等评论网站上查看用户的评价，反馈信息如消费者网购的关注点是什么、商品的不足之处在哪里。这些将有助于管理者和调研者找准市场调查的重点。

（三）探索性调查的方法

探索性调查的方法：二手数据分析、专家调查和案例分析。

1. 二手数据分析

查找分析与调查问题相关的现有信息的过程称为二手数据分析。互联网和各种搜索引擎使得二手数据很容易获得。二手数据包括通过互联网和各种搜索引擎获得的数据，图书馆提供的辅助数据，从书籍、期刊、特别报告、公告和时事要闻中找到的信息。分析二手数据是探索性调查的核心。

查找二手数据有多种形式。许多高管订阅了行业杂志或经贸类书刊。通过研读这些出版物，收集当前客户和竞争对手的信息、了解目前的经济形势等。本书将在第三章详细介绍二手数据。

2. 定性调查

定性调查可以使用焦点小组访谈、深度访谈法以及专家调查等方法，通过小样本的定性调查了解背景信息，形成假设。焦点小组是在主持人的指导下，通过非结构化、自发讨论聚集在一起的小组，目的是获得与调查问题相关的信息。焦点小组是使用最广泛的探索性调查方法。例如，某为在推出智能手表前开展了一系列焦点小组讨论，小组成员有公司高管和合作企业的高管，不同性别、年龄和职业的消费者，然后确定讨论的主题和议程，包括智能手表的功能、外观设计、价格预期等内容。在小组讨论过程中，主持人引导参与者依次发表自己的看法，并就各种问题展开讨论。参与者通过分享自己的使用习惯、购买动机和偏好，展现了对智能手表的需求和期待。

3. 案例分析

对一个或多个类似情形进行回顾，以获得对当前市场问题的解决方法，称为案例分析。当前市场问题通常与过去情形有一些相似之处。即使市场问题涉及的是一种全新的产品，也可以参考一些过去的处理办法。例如，某果在制定推出新平板电脑的策略时，可以参考2007年的经验。然后，随着某果推出平板电脑的连续版本，该公司可以研究之前版本的推出案例，从产品推出阶段的失败和成功中吸取经验。

二、描述性调查

（一）描述性调查的含义

描述性调查是用来描述"谁""什么""在哪里""什么时候"以及"如何"等问题的答案。当管理者想知道客户是谁、购买商品的品牌和数量、在哪里购买商品的、什么时候购物，以及如何检索商品时，需要描述性调查。描述性调查一般通过调查样本，然后将样本的结果投射到更大的人群中，预测整个市场的动向。

（二）描述性调查的用途

（1）描述市场状况。描述性市场调查主要描述品牌、产品或服务在人群中的分布特征，及品牌渗透的速度、相关市场发展规律，为制定市场策略、扩大市场或解决市场问题的对策与措施提供依据。

（2）分析某些因素与市场问题之间的关系。描述性市场调查可以提供简单的数据分析，如相关性检验、主成分分析等，这些数据分析能够初步地解释潜在影响因素，为挖掘市场问题的影响因素提供线索，并帮助提出理论假设。

（3）评价市场问题的对策与措施的效果。描述性调查可收集市场对策实施前后的对比性数据，从而可对该对策或措施作出评价。当对市场问题采取一定的措施后，管理者或是调研者会再次通过描述性调查，了解市场问题的状况，是否被解决，市场发展如市场销售量、市场占有率等是否向着好的方向发展。这样对市场问题的处理效果也可检测出来。

小链接：连锁超市开业前的描述性调研

某一连锁超市即将开业，公司想了解顾客如何光顾这家连锁超市，这时需进行"5W1H"调研。

（1）什么人是连锁超市的顾客？

（2）对顾客的什么特征进行描述？

——性别？

——年龄？

——住址？

——如何知道开业信息？

——光临后的感觉怎样？

（3）什么时间向顾客作调查？

——购货中还是购货后？

——刚开业还是开业后几周后？

（4）在什么地点调查？

——在连锁超市内还是上门调查？

——是邀请顾客到公司还是上门调查？

（5）为什么要调查这些项目？

——是为了制定促销策略？

——是为了测试地点选择？

——是为了测试顾客购买动机？

（6）如何测量顾客特征？是否采用发放问卷的方式？

（三）描述性调查的方法

描述性调查主要通过两大方法实现：横断面调查和纵向调查。

1. 横断面调查

横断面调查是指仅在一个时间点测量样本的市场变量。例如，一项测量学生对增加必修实习课程的态度的调查，因为学生对这个话题的态度是在一个时间点上测量的。横断面调查使用普遍，因其是一次性测量，又被称为市场"快照"。例如，杂志社对顾客进行横断面调查，询问他们当下时间点的年龄、职业、收入和教育水平等问题。横断面调查通常是通过抽取大样本而开展的调查，所以横断面调查也称为抽样调查。

抽样调查是一种横断面调查，其样本能代表特定人群。为了增强抽样调查的准确性，调研员必须采用科学抽样。本书将在第六章详细介绍抽样方法。

2. 纵向调查

纵向调查是指在一段时间内反复测量同一样本的方法。因为纵向调查涉及多次测量，也称为市场"电影"。为了确保纵向调查的准确性，调研员必须使用相同的样本，即小组，以便进行重复测量。小组成员是同意定期提供信息或回答问题的受访者。大多数市场调研公司会使用纵向调查。一些调研公司会开发并维持部分具有代表性的消费者用于纵向调研。像某瑞咨询这样的公司多年来一直保持着由数十万个家庭组成的调查小组。

三、因果性调查

（一）因果性调查的含义

因果性调查通过收集和分析数据，探究市场现象之间的因果关系，为企业决策提供依据，主要用于测量因果关系，如"如果 x，那么 y"。因果关系是一个或多个变量影响一个或多个其他变量的情况。在进行因果调查时，"如果—那么"语句成为我们操纵感兴趣变量的方式。例如，如果以较低的速度开车，那么汽油里程就会增加；如果在广告上花更多的钱，那么销量就会上升。管理者需要明确什么原因会导致消费者满意度的变化、市场份额的增加、网站访问量的增加或销售额的增加。

（二）因果性调查的用途

1. 明确相关关系

因果性调查的一个用途是明确市场变量之间是否存在相关关系，即它们按照某些可预知的方式一起变化。如果商店内展示被认为是土豆条和调味汁销量增加的原因，那么，当展示出现时，销售额应当增加；当展示消失时，销售额应当降回到展示前的水平。可是，如果商店内展示的出现没有导致土豆条和调味汁销售额的增加，调研员就必须得出商店内展示和土豆条与调味汁销售额有关的假设是不正确的。

相关关系并没有证明 A 引起了 B，调研员只能说 A 和 B 存在着相关的变化关系。如果两个事件一起变化，一个事件可能是原因，但这并不是因果关系的充分条件。因为两个事件可能有共同的原因，即也许它们受第二个变量的影响。例如，下午长江附近某家商店的冰激淋全卖了，而同时长江中有许多人游泳，这难以说明"吃冰激淋导致人游泳"。这样，在 A 与 B 事件发生间只因为有相关性和适当的时间次序还不能肯定存在着因果关系。

2. 确定因果关系

市场调查最终寻求的是要识别因果关系。因果性调查可建立适当的因果次序或事件次序；测量推测原因与结果间的相关性；确认表面上合理的其他解释或原因性因素是否存在。例如，一家公司可能想要了解广告对销售额的影响。因果性调查第一了解广告和销售额变化的次序，如果广告播出在销售额增加之后，则二者没有因果关系。如果广告的播出与销售额的增加是一致的，广告多，销售额多，广告少，销售额少，则二者是；第二，排除其他潜在因素的影响，如影响销售额的还有商品的价格，只有控制住价格对销售额的影响，才能明确广告和销售额之间的因果关系。因果性调查的结果可使公司操纵广告的发布时间、频率和内容等自变量，并观察它们对销售额的影响。公司可以根据这些结果制定更有效的广告策略，从而提高销售额和市场份额。

(三)因果性调查的方法

因果性调查主要是使用实验调查法来实现。实验调查法是一种用于模拟和评估市场问题或现象的方法,它主要用于模拟和改变市场的条件和环境,控制和操作市场的变量和因素,观察和测量市场的反应和结果,评估和比较市场的效果和性能等。实验调查通常在市场调查的终期进行,它可以基于因果调查的结果,也可以直接进行。

实验调查法的特点是模拟、控制、操作和评估,它需要事先确定市场调查的条件和环境,也需要使用实验设计和控制组,以保证市场调查的可比性和可控性。实验调查法的优点是可以模拟和改变市场的真实情况,可以控制和操作市场的关键变量,可以观察和测量市场的直接反应,可以评估和比较市场的实际效果。实验调查法的缺点是不能反映和考虑市场的复杂性和多样性,不能捕捉和响应市场的动态变化,不能保证和提高市场调查的普遍性和适用性,不能支持和推广市场调查的决策和行动。

实验调查的常用方法有:实验室实验、场景实验、场地实验、网络实验、模拟实验、比较实验、因子实验、多元实验等。本书将在第四章详细介绍量化实验调查法。

四、预测性调查

预测性调查是对市场未来情况所作预测的调查研究,属于市场预测的范畴。预测性调查是在描述性调查和因果性调查的基础上,对市场未来的潜在需求进行预测和判断。企业在进行未来决策时,如果不进行预测性调查,就易产生对市场性质判断的失误,也易导致决策的失误。因此,企业必须重视预测性调查。在进行预测性调查时,必须明确预测性调查不等同于预测。例如,市场物价指数近年逐步下降,如果从统计资料预测推算,下一年度还将下降,但市场物价指数下降的条件是不是继续存在,下年度是否可能出现价格反弹或价格上升,只有通过市场变化趋势的预测性调查,才能科学地预测。预测性调查对未来市场趋势的分析研究,有利于企业在进行市场预测时选择科学的预测方法和预测模型。表2-1对各个调查类型进行了总结。

表 2-1 市场调研分类表

调查类型	特点	目的	性质	资料来源
探索性调查	初始阶段 情况不明 灵活 省时、省费用	问题的表现或问题的根源 明确进一步调查的方向	非正式	二手资料 定性调研 案例分析

续表

调查类型	特点	目的	性质	资料来源
描述性调查	描述事物发展的过程及可能的原因	事情是怎么发生的 历史与现状 可能的原因	正式	一手资料 二手资料 定性研究
因果性调查	两个或多个变量之间的因果关系	一个因素怎么影响另一个变量的，影响的程度如何	正式	实验调查法
预测性调查	应用理论模型，根据一个或多个变量的变化预测另一个变量的变化	如果一个变量改变，另一个变量的变化程度	正式	一手资料与二手资料的理论模型

第二节　市场调查方案设计

市场调查方案设计是指在正式调查以前，根据发现的市场问题和初步的分析研究，制定出一系列合适的调查方案组合，形成一个主体规划或调查方案以使市场调查有目的、有计划、有组织地进行。市场调查方案设计，就是根据调查研究的目的和调查对象的性质，在进行实际调查之前，对调查工作总任务的各个方面和各个阶段进行的通盘考虑和安排，提出相应的调查实施方案，制定出合理的工作程序。市场调查方案设计的含义：一方面，它是指市场调查的计划、方案；另一方面，它是指调研人员对调研计划、方案的策划过程。

一、确定调查目的

调查目的是明确在调查中要解决哪些问题，通过调查要获取什么资料，取得的资料有什么用途等目的。明确调查目的就是明确后续的调查内容和调查任务。调查目的的确定必须具体，符合客观实际。要弄清楚调查目的需要明确以下问题：

（1）为什么要进行调查？
（2）谁要调查？
（3）调查想要知道什么？
（4）调查结果有什么用？

二、确定调查对象和调查单位

确定调查对象和调查单位就是明确向谁调查、由谁来提供调查资料。调查对象是指接受调查的社会现象的总体。调查对象由性质形同的调查单位组成，调查单位是所要调查总体中的个体，是调查的具体单位，是调查实施过程中具体提供调查资料的对象。

在确定该调查对象和调查单位时，要注意以下三个问题：

（1）由于市场现象比较复杂，必须规定调查对象的含义和范围，规定清楚调查对象的含义。例如：以规模以上中小企业为调查对象，就应该明确规模以上和中小企业的含义，以及企业的范围。

（2）调查单位的确定要根据调查对象而定。调查对象变了，调查单位也要跟着变。例如：调查某市企业职工家庭基本情况时，调查单位不再是企业，而是家庭。

（3）不同调查方式会产生不同的调查对象。如果采用普查方式，调查对象所有的单位都是调查单位；如果采用抽样调查的方式，被抽中的样本单位就是调查单位；如果采用重点调查方式，只要选定少数重点样本即可。

三、确定调查内容

调查目的和调查对象确定后，就要针对调查项目的具体要求确定调查内容。例如，进行消费者行为调查时，可以按消费者购买、使用以及使用后评价三个方面列出调查的具体内容。调查内容的确定要全面、具体、条理清晰。

问卷是市场调查的基本工具，问卷的设计质量直接影响到市场调查的质量。设计问卷要注意以下几点：第一，问卷的设计要结合调查主题，突出调查的重点。第二，问卷的问题要能够让被调查者接受，避免出现被调查者无法回答或难堪的问题。第三，问卷中的问题顺序要条理清楚，一般遵循先易后难的原则。第四，问卷中的问题的措辞要符合要求，使用简单、直接、无偏见的词汇等。

四、确定调查方式和抽样方法

在进行调查方案设计时，要结合调查项目的具体需要，采用合适的调查方法，同一个调查项目可以采用不同的调查方法，同一种调查方法也可以适用于不同的调查项目。常用的调查方法有访问调查法、观察法和实验法等，访问调查法又可以分为面谈调查法、邮寄调查法、电话调查法和网络调查法等。这些方法各有优缺点，可以适用于不同的调查项目，如何选择合适有效的调查方法是调查方案设计的重要内容。

在设计调查方案时要设计抽样方法，以保证抽取的样本能够反映总体情况。抽样方法有随机抽样和非随机抽样，随机抽样又包括简单随机抽样、分层抽样、等距抽样和整群抽样，非随机抽样包括方便抽样、判断抽样、配额抽样和滚雪球抽样等方法。要按调查项目的要求采用不同的抽样方法。

五、确定资料整理分析的方法

收集上来的原始资料大多是零散的、不系统的。我们需要对资料进行整理分析。在调查方案设计中要确定如何对数据进行检查和整理,以及用哪些统计分析方法和模型对数据进行统计分析。例如:集中趋势分析、离散趋势分析、方差分析、判别分析等,对大量数据和资料进行系统的分析与综合,揭示被调查者的实际情况与问题,掌握事物发展变化的规律和特征。

六、确定调查的时间

确定调查的时间就是要确定开展调查的具体时间以及需要多少时间来完成。需要确定调查何时开始何时截止,这个时间包括从调查方案设计到提交调查报告的整个时间。确定调查时间的目的是使调查工作能及时开展,按时完成,保证调查资料的时效性。

在调查方案设计中,调查时间一般用调查进度来表示,如表2-2所示。调查时间进度表将调查过程每个阶段的活动以及需要完成的任务和目标作出时间规定。

表2-2 调查时间进度表

调查工作与内容	主要负责人及成员	时间或日期
调查总体及抽样方案设计		
设计问卷初稿		
问卷测试		
问卷修正和发布		
调查实施		
数据整理和统计分析		
报告撰写和提交		
……		

七、确定调查的预算安排

确定调查的预算需要结合调查范围、调查内容、调查规模和调查方法,以及调查的难易程度等来综合评估。一般来说,调查所需费用包括以下几个方面:调查方案设计费、问卷印刷费、装订费、抽样费用、调查员劳务费和差旅费、数据收集费、数据统计处理费、报告撰写费用以及杂费等。调查费用预算表,如表2-3所示。

表 2-3 调查费用预算表

支出项目	支出金额	备注
调查方案设计费		
抽样设计费		
问卷设计费		
调查员劳务费		
调查员差旅费		
数据收集费		
数据统计处理费		
报告撰写费		
杂费		
……		

八、确定调查报告的提交方式

调查报告是最终呈交给企业的产品，调查者需要确定调查报告的提交方式，是书面报告还是口头报告，报告需要包括几个部分，以及是否需要阶段性报告等。

九、制订调查组织计划

调查组织计划包括调查项目的组织部门以及人员配备，负责项目的具体实施工作。在实地调查过程中经常需要大量的访问员，所以可以根据调查项目完成的要求确定需要招聘的访问员的人数，并对访问员进行访问调查方法和技巧的培训。做好调查中的组织、协调和控制工作。

小链接：××（调查主题）市场调研方案

（1）调研目的。随着生活条件的改善，健康和环保日益受到人们的重视。×× 因其物理特性，可以净化空气和水质，抗菌、除菌和除臭，除甲醛。为此，公司计划开发以 ×× 为原料的产品。

本调研的目的：①调查 ×× 产品市场的行业现状、同类产品的竞争状况；②调查 ×× 产品的市场购买力及消费者的职业和年龄分布等。

（2）调研内容。①行业现状及竞争情况：行业的政策、法规；相关产品及服务的市场接受程度；同类产品的名称、售价、生产厂家及销售情况。②消费者的购买力情况：消费者对××原料的认识程度;是否愿意购买相关产品及服务;愿意为相关产品支付多少费用。③消费者的性别、职业和年龄情况。

（3）调研范围。①本地区的各大百货商场及超市。②同类产品的特许经销商。③销售同类产品的分销商。

（4）调研方法。①现场问卷调查。到现场请消费者或者经销商填写调查问卷。②网络调查。通过电子邮件和网络调查问卷调查。③观察法。观察各卖场的销售人员如何向消费者介绍和推销同类产品。④访问法。对购买同类产品的消费者进行现场访问，如为什么购买该产品，对该产品有什么意见和建议，等等。⑤二手资料搜集法。通过对其他同类产品的销售、产品性能、消费环境等进行调查，以及访问产品生产商、经销商网站，广泛地搜集二手资料。

（5）调研对象及样本确定。①现场问卷调查：问卷样本数500份；调查区域为市内各大百货商场。②网络调查：在网络上使用在线调研平台，对经销商和分销商使用电子邮件调查。③其他方法：对获得的信息进行分类整理。

（6）调研程序及进度安排。①6月1日—13日：制订调研计划，确定调查方案。②6月14日—27日：根据调研方案进行调研准备、设计调查问卷、培训调查员。③6月28日—7月5日：进行实地调查。④7月6日—22日：汇总调研信息、进行整理分析、形成调研报告。

（7）调研经费预算。①调查问卷及其他文档打印费用：×××元。②预售产品成本及物流费用：×××元。③调查员交通、餐饮费：×××元。

小链接：某乐洗发水的市场调研方案

（1）调研背景。近年来，某洁公司凭借其强大的品牌运作能力以及资金实力，在洗发水市场牢牢地坐稳了第一把交椅。但是随着竞争加剧，局势慢慢发生了变化，某联强势跟进，某莲、某士等多个洗发水品牌从某洁手中夺走了不少消费者。某王旗下品牌某妮和某蕾占据了中端市场，而低端的市场则归属了某芳、某庄、某秀、某迪等后起之秀。至此，中国洗发水行业呈现了一个典型的金字塔形品牌格局。通过市场细分，某森于2002年推出了某乐，在药品和洗发水两个行业找到了一个交叉点。为了提高其在全国重点城市中的占有率，并为其今后的营销发展计划提供科学的依据，某市场调查公司将在全国范围内的重点城市进行一次专项市场营销调查。

（2）调研目的。本次市场调研工作的主要目标如下。

①分析某乐洗发水的前期营销计划（包括其销售渠道、媒体投放、产品终端和产品情况）以及消费者的产品期望，明确其自身的优势和劣势，以及面临的机会和威胁。

②了解消费者对去屑洗发药的认知度，探查对去屑洗发药的接受程度。

③了解产品的知名度以及美誉度，确定今后营销计划的重点。

（3）调研内容。根据上述调研目的，我们确定本次调研的内容主要包括以下几点。

①针对其营销计划进行全面的分析，从而为其今后的营销计划提供科学的依据。本部分所需要的主要信息点：第一，消费者对于某乐洗发水的使用情况——是否用过，满意度，以及认为产品的哪方面更加吸引消费者。第二，对某乐前期营销计划情况的了解——怎样知道某乐的，通过什么渠道购买到某乐的，是否遇到买不到某乐的情况，使用某乐后的感觉，以及认为可以在产品上改进的地方。第三，消费者对于去头屑这方面的认知。

②了解消费者的观念，以及对某乐前期推广的深入程度进行调查。

③对产品前期的销售宣传进行调查，主要需掌握的信息点：第一，对于某乐的了解程度——是否知道以及是否使用过。第二，对于某乐印象的评价（五分法）。

此外，我们还将收集包括消费者的年龄、性别、收入、职业，以及包括消费者的发质在内的背景资料以备统计分析之用。

（4）目标被访者定义。因本次调查是针对其前期的营销计划实施情况的一个效果回馈，我们在样本定义时遵循以下原则：一是样本要有广泛的代表性，以期能够基本反映消费者对某乐洗发水的看法，以及能反映某乐前期营销计划的实施情况；二是样本要有针对性。由于某乐洗发水属于日用品，而且它主要是针对有头屑的人，以及它的价格也较高，所以消费者需要有一定的购买和支付能力。因此此次调查主要是针对有使用经验的人，主要在全国的重点城市进行调查。

基于以上原则，我们建议采用如下标准甄选目标被访者：① 20—45 周岁的城市居民。② 本人及亲属不在相应的单位工作（如市场调查公司、广告公司以及洗发水行业等）。③ 在过去的六个月内未接受或参加过任何形式的相关市场营销调研。

（5）数据收集方法。问卷长度控制在半个小时左右，问卷经双方商讨确定之后正式启用。问卷抽样方法：在北京、哈尔滨、上海、广州、长沙、成都、西安 7 座城市中各选择 400 人作为调查对象，在每座城市的电话簿中随机选择 400 个号码，打电话核实受访者。在不断淘汰受访者的情况下，多次随机选择，直到选够 400 人为止。采用结构性问卷进行入户调查。

（6）样本量。根据以往经验，最大允许误差应控制在小于 ±2%，考虑到统计分析对样本量的要求和成本方面的经济性，我们建议本次研究所需要的样本量为每座城市 400 个。

（7）质量控制与复核（复核就是再一次检查问卷的真实性）。

本次访问复核率为 30%，其中 15% 电话复核，15% 实地复核。我们将实行一票否决权，即发现访问员一份问卷作弊，该访问员的所有问卷作废。

（8）数据录入与处理。参与此项目的所有数据录入及编码人员将参与问卷的制作与调查培训；在录入过程中需抽取10%的样本进行录入复核，以保证录入质量；数据处理采用SPSS软件进行。

（9）研究时间安排见表2-4（自项目确定之日起）。

表2-4 时间安排表

项目	一周	二周	三周	四周	五周	六周	七周
方案与问卷设计							
问卷试访							
调查实施							
数据处理							
报告撰写							

（10）报告提交。由某市场调查公司向某森公司提交调研报告一份及所有的原始问卷，并根据市场调研报告和数据进行分析。如有需要，我们将向某森公司进行口头汇报。

案例分析2-1：中国进口消费市场研究报告2022

中国进口消费市场研究报告2022：多元化、个性化、专业化的消费趋势正在兴起，中国坚持开放格局，跨境电商已成为国际贸易生力军。全球产业链、价值链、供应链、服务链加速重构，以跨境电商为代表的新业态新模式迅速兴起，已经成为国际贸易的重要趋势和我国外贸发展的生力军。从党的十八大以来，中国外贸创新发展成效显著，跨境电商、海外仓、市场采购贸易方式、外贸综合服务等贸易新业态新模式不断涌现，结合中国政府不断加强顶层设计，持续推进政策、监管和服务创新，创设跨境电商监管代码，出台增值税无票免税以及所得税核定征收等支持政策，向全国复制推广了近70项成熟经验和创新做法，并开展多层次、多领域的国际合作，为跨境电商等新业态的规范健康发展注入源源动力。

自2017年以来，跨境电商进出口规模5年增长近10倍，跨境电商综试区扩展到132个，覆盖了全国30个省区市，区内企业建设海外仓超过2 000个；市场采购贸易方式试点扩展到39个，市场采购贸易出口规模7年增长7倍，等等。这些贸易新业态纷纷驶入发展快车道，成为稳住外贸基本盘、推动外贸转型升级和高质量发展的重要抓手和重要动能。

在后疫情时代，全国居民人均可支配收入增长与经济增长基本同步。截至2021年底，全国居民人均可支配收入35 128元，比上年名义增长9.1%。扣除价格因素后，全国居民人均可支配收入实际增长8.1%，略高于人均国内生产总值增速。与此同时，积极的防疫措施和促消费政策也使居民的消费需求进一步从疫情的冲击中恢复过来。2021年，全国居民人均消费支出24 100元，在上年基数较低的基础上名义增长13.6%；扣除价格因素，实际增长12.6%。消费升级步伐逐步加快。疫情发生以来，中国消费者对美好生活的向往，对优质商品和服务的需求并未发生改变。数据显示，居民人均服务型消费、交通通信和教育文化娱乐类支出仅在疫情最严重的2020年受到较大影响。2021年，以上消费升级类商品和服务消费已超过2019年疫情前水平。从品类来看，截至2021年底，包括化妆品、金银珠宝、服装鞋帽在内的消费升级类商品实现双位数增长。扣除2020年低基数影响，以上品类销售较2019年分别增长29.7%、22%和4.6%。城乡居民收入差距进一步缩小。农村居民收入增长继续快于城镇居民，且城乡居民收入差距在缩小。在收入快速增加的趋势下，城镇和农村居民消费均迎来不同程度的升级态势。数据显示，2021年城镇居民人均可支配收入47 412元，同比增长7.1%，农村居民人均可支配收入18 931元，增长9.7%。农村居民人均收入增速快于城镇居民2.6个百分点。

据商务部统计，2021年消费品进口总额达到1.73万亿元，同比增长9.9%，占进口总额的10%左右。并且在2022年上半年消费品进口额达到1万亿元，同比增长约11.1%。2022年上半年消费品进口的速度继续以高于整体进口的速度增长，中国进口消费规模持续扩容，彰显了中国内需市场的广阔发展空间和潜力。目前中国进口消费品增长的主要原因，一是国内消费需求旺盛，消费环境不断改善。随着消费市场规模不断扩大，消费结构持续升级，年轻一代消费者成为消费主力，消费的个性化、多元化、品质化趋势越来越明显，同时疫情后时代，数字零售发展快速，在线消费渗透率持续提升。二是国内不断优化口岸营商环境，进口贸易越来越便利。中国多次主动下调关税税率，特别是降低百姓生活有需求、国内供给有短板的消费品关税税率。

据中国海关公开数据显示，必选消费品的进口额在疫情暴发后出现了较大的增长。各地居民在疫情初期囤货需求增加，使得必选品类的销售额快速提升。在疫情的不确定情况下，消费者对于食品饮料等必需品的消费急剧增加，特别在疫情初期，2020年肉类和乳、蛋类进口消费品金额同比增长61.7%和12.2%。2021年，随着疫情稳定和防疫政策逐步放开，部分必选消费品的增速出现回落。天猫国际在2022年11月推出了《全球新品TOP100》榜单，盘点疫情后更被青睐的100款进口新品，覆盖悦己仪式感、全球酷运动、黑科技装备、专业级保养、科研式美肤、精养式育儿、功能性宠粮、全球匠心制八大趋势赛道。这些新品不仅展示了中国消费者在新时期的进口消费意愿，也凸显了消费者对于美好生活的向往依然不变。

从技术面，中国进口电商模式创新助力进口消费常态化发展。电商平台以及海外品牌的模式创新有利于进口消费常态化。随着进博会等贸易促进活动的举办，溢出效应明显。例如，上海等地正在打造持续性的进出口交易服务主平台，目的在于吸引更多新领域海外商家的不间断入驻。"线上＋线下""全球购"等创新模式成为进出口贸易商家和平台促进消费的有力举措。这些新的模式打破了传统进口贸易壁垒，消除了海外品牌可能存在的市场空窗期，使得消费者能够在短时间内接触到、享用到所寻找的进口产品。数字化转型＋轻资产模式成为海外商家快速扩张以及高效接触我国消费者群体，助力进口消费常态化的有力创新。轻资产状态进一步降低了海外品牌进入中国市场的负担，使得越来越丰富的海外品牌存在于中国市场，结合对消费者的全面数字化分析，品牌渗透率得以稳步提升。①

问题：

（1）本案例中调查的目的和任务是什么？调查的内容是什么？

（2）本调查的意义是什么？进口消费的未来发展趋势是什么？

【参考答案】

（1）目的是了解跨境电商的现状，主要调查了消费者的可支配收入以及跨境电商消费的主要品类、平台交易情况，以及跨境电商模式等。

（2）主要是为了了解跨境电商的规模、业态的发展情况等。进口消费的未来发展趋势是创新模式、智能化手段、差异化竞争、优化物流等。

案例分析 2-2：黑茶市场调查类型

四川黑茶起源于四川省，其年代可追溯到唐宋时茶马交易中早期。茶马交易的茶是从绿茶开始的，当时茶马交易茶的集散地为四川雅安和陕西汉中，由雅安出发抵达西藏至少 2~3 个月的路程，当时由于没有遮阳避雨的工具，雨天茶叶常被淋湿，天晴时茶叶又被晒干，这种干、湿互变过程使茶叶在微生物的作用下发酵，产生了品质完全不同于起运时的茶品，因此"黑茶是马背上形成的"说法是有其道理的。久而久之，人们就在初制或精制过程中增加一道渥堆工序，于是就产生了黑茶。黑茶在中国的云南、湖南、陕西、广西、四川、湖北等地有加工生产。黑茶类产品普遍能够长期保存，而且有越陈越香的品质。

2021 年中国黑茶产量达 39.68 万吨，较 2020 年增加了 2.35 万吨，同比增长 6.30%。中国黑茶产量长期占据全国茶叶总产量 10% 以上的比例，2021 年中国黑茶产量占全国茶叶总产量的 12.95%，较 2014 年的 13.40% 减少了 0.45%。2021 年中国黑茶内销量达 34.41 万吨，较 2020 年增加了 3.03 万吨，同比增长 9.66%。近年来，中国黑茶内销量长期占全国茶叶内销总量 14% 以上的比例，2021 年中国黑茶内销量占全国茶叶内销总量的 14.95%，较 2020 年的 14.25% 增长了 0.70%。

---

① 彭祥萍，邹悦 .2022 中国进口消费市场研究报告发布，进口消费有这些新趋势 [R/OL]（2022-11-06）[2024-10-18].https://www.sohu.com/a/603191813_116237.

虽然2021年中国黑茶内销量保持增长趋势，但内销额也出现下滑，2021年中国黑茶内销额为258.20亿元，较2020年减少了43.37亿元，同比减少14.38%，占全国茶叶内销总额的8.28%，较2020年的10.44%减少了2.16%。从内销均价来看，2021年中国黑茶内销均价下滑明显，2021年中国黑茶内销均价为75.04元/千克，较2020年减少了21.07元/千克，同比减少21.92%。

黑茶行业在技术创新、品牌建设、市场拓展等方面取得了显著突破。技术创新提升了黑茶的品质和口感，满足了消费者的多元化需求。品牌建设则提高了黑茶的知名度和美誉度，增强了市场竞争力。在市场拓展方面，黑茶行业不仅深耕国内市场，还积极开拓国际市场，实现了更广泛的市场覆盖。黑茶行业的发展还受益于政府的推动和市场的拓展。政府对茶产业的支持和扶持力度不断加大，为黑茶行业的发展提供了良好的政策环境。同时，随着国内市场的消费升级和国际市场的拓展，黑茶行业的市场潜力得到了进一步释放。[①]

问题：

黑茶市场调查属于哪种类型的市场调查？为什么？

【参考答案】

描述性，因为描述了黑茶的市场现状。

实训题：**市场调查方案设计**

市场调查方案设计，就是根据调查研究的目的和调查对象的性质，在进行实际调查之前对调查工作总任务的各个方面和各个阶段进行的通盘考虑和安排，提出相应的调查实施方案，制定出合理的工作程序。

实训过程：

（1）学生以3～5人为单位组成调查小组。并讨论确定本学期调查的主题项目。

（2）各调查小组根据已选定的调查项目进行市场调查方案的设计。小组组成、分工、讨论和方案形成在课外完成，成果展示安排在课内。

（3）每个调查小组展示时间为10分钟左右，方案必须详细说明小组的分工情况，以及每个成员的完成情况。

思考题：

（1）什么是市场调查方案设计？

（2）市场调查的种类有哪些？

（3）探索性调查的用途是什么？列出并解释探索性调查是一个很好的选择的三种情况。

---

① 中研网.中国黑茶行业市场调研 黑茶行业市场现状及发展趋势分析[R/OL]（2022-11-11）[2024-10-18].https://www.chinairn.com/news/20221111/150628660.shtml.

（4）纵向调查和横断面调查的区别是什么？

（5）某公司推出了一种新的饮料品牌，想知道有多少顾客重复购买该饮料。某公司应该使用什么类型的调查设计？

（6）描述性调查的含义和方法是什么？

（7）因果性调查的含义和适用情况？

（8）市场调研方案的组成部分包括哪些？

第三章　二手数据收集

【学习目标】
◎了解二手数据的含义、与一手数据的区别及分类
◎了解二手数据的优缺点
◎了解订购二手数据的含义、方法、用途
◎了解二手数据的收集方法

引例：某瑞咨询

艾瑞咨询是中国新经济与产业数字化洞察研究咨询服务领域的领导品牌，为客户提供专业的行业分析、数据洞察、市场研究、战略咨询及数字化解决方案，助力客户提升认知水平、盈利能力和综合竞争力。

自 2002 年成立至今，累计发布超过 3 000 份行业研究报告，在互联网、新经济领域的研究覆盖能力处于行业领先水平，在产业数字化领域也建立了品牌基础，为客户提供数字化转型升级过程的数字化战略咨询与运营解决方案。

某瑞咨询是解决商业决策问题的专业第三方机构。该公司以"为商业决策赋能"为品牌理念，通过研究咨询等专业服务，助力用户提高对新经济产业的认知水平、盈利能力和综合竞争力。在数据和产业洞察的基础上，某瑞咨询研究业务拓展至新零售研究、大数据研究、企业咨询、投资研究等方向，并致力于通过研究咨询的手段帮助企业认知市场，智能决策。某瑞咨询提供的行业报告和咨询报告就是二手资料，企业可以根据自己的需要选择购买。

思考：这些专业的市场调研公司是如何向市场提供数据和咨询服务的？

第一节　二手数据概述

市场调查与预测快速发展成各行业常用的市场问题探究方法，主要原因之一是二手数据。当下，数据来源众多，随时可用且易于获取。我们将探讨二手数据的分类、优势和劣势，以及数据来源。此外，我们介绍了另一种类型的数据来源，称为订购二手数据，并说

明其在市场调研中的应用。最后,我们将讨论二手数据收集方法:数字跟踪法、网络爬虫法、社交媒体监听法。

一、一手数据和二手数据的区别

市场决策需要两种数据:一手数据和二手数据。一手数据是指由调研员专门为手头的调研项目收集的数据。二手数据是由调研员以外的人为其他目的收集的数据。当商业公司、政府机构或社区服务组织进行调查、交易或开展商业活动时,这些活动信息将被记录。当消费者在社交媒体平台上互动、在商店购物或在互联网上搜索产品时,这些信息会被存储。当这些记录和存储的数据用于其他决策时,则成为二手数据。

二、二手数据的用途

二手数据的用途很多,有些调研项目完全基于二手数据。

(一)市场分析

市场分析是指通过对市场现状进行研究,评估市场趋势和潜在需求,以帮助企业定位和调整市场策略。二手数据可以让企业了解自己的客户和竞争对手,预测市场走势,发掘新的市场机会。二手数据分析包括预测经济趋势、分析竞争对手、定位目标市场、了解消费者需求等。二手数据通常还包含人口统计信息,如性别、年龄等。有助于预测新产品的市场规模。

(二)产品改进

产品改进是指通过不断调整和升级产品特性、性能、设计和服务,以提高客户满意度和产品竞争力。二手数据可以让企业获取客户的反馈信息和需求,评估产品使用情况和问题点,推出更符合市场需求的新产品。

(三)客观评估

客观评估是指通过对企业经营情况、财务状况和绩效指标进行分析和评估,以帮助企业制定战略决策和规划未来发展。二手数据可以让企业了解自己的财务状况、经营状况和市场表现,分析其中的关键指标和问题点,评估企业的竞争力和战略方向。

(四)管理决策

管理决策是指通过对企业组织架构、流程和制度进行分析和优化,以提升管理效率和企业效益的一种决策。二手数据可以让企业了解自己的组织架构和流程状况,评估各项制度和政策的实施效果,进行科学的管理决策和改进。

综上所述，二手数据是企业等组织获得洞察、创新和决策的重要来源之一，只要善加运用，可以帮助企业更好地把握市场机会，提高产品质量，优化管理效率，创造更大的商业价值。

三、二手数据的分类

（一）内部二手数据

内部二手数据是公司内部收集的数据，主要来源于公司数据库。这些数据包括销售记录、采购单、发票、投诉，以及客户、销售、供应商以及公司其他业务方面的信息。

数据库是指描述某一些项目的数据和信息的集合。数据库中的每一行信息称为一条记录。例如，记录可以表示客户、供应商、竞争公司、产品或单个库存。记录由称为字段的信息组成。例如，客户数据库记录中的典型字段包括姓名、地址、电话号码、电子邮件地址、购买的产品、购买日期、购买地点、保修信息以及其他信息。

内部数据库是由公司收集的数据和信息组成的数据库，通常是在正常的业务过程中收集的。市场部门通常会开发关于客户的内部数据库，当客户询问产品或服务时，公司会收集客户的信息。

内部数据库非常大，管理起来并非易事。可通过数据挖掘从数据库中挖掘有意义的信息，如忠诚客户的数量、促销后的销售量变化等。科特勒和凯文·莱恩·凯勒（Kevin Lane Keller）描述了公司使用内部数据库的五种方式：①识别潜在客户，如通过广告点击量来识别目标客户；②选择特定优惠的对象，如在销售后两周发送打折信息；③通过记住客户的偏好来提升客户的忠诚度；④重新激活客户购买，例如自动发送生日卡片。

小链接：某玛的内部数据库

如果要理解某玛连锁商店如何理解和利用海量的购买数据，我们可以以香蕉为例来说明，根据某玛的调查，香蕉是美国人购物车里最常见的商品，甚至比牛奶和面包还要常见。因此，尽管某玛大型商业中心在鲜货部销售香蕉，它也会在卖麦片的走廊里摆放一些香蕉来帮助销售一些麦片。

许多零售商都在谈论着一种好的销售方式，即通过挖掘结算记录数据来进行销售。某玛是美国最大的零售商。它从大约1990年就开始这样做。现在，它拥有大量详尽的信息。所了解的商品信息已远远超过许多生产商所掌握的信息。某玛的数据库的规模仅次于美国政府的数据库。在收集销售额、销售毛利和商品数的同时，某玛还从所有分店的顾客收据中收集"购物篮数据"，因此它知道什么商品该捆绑销售。例如，某玛发现购买行李箱的人常常购买其他旅行用品，所以现在的连锁店在行李箱的旁边摆设着旅行熨斗和闹钟。

某玛超级购物中心占地面积1783.74平方米，相当于4个足球场大。某玛很快发现顾客在寻找商品时遇到了麻烦；为了解决顾客的问题，某玛从超级购物中心收集了大量的购买数据，并想出很多方法帮助顾客找到那些他们有潜在需求的商品。

另一种有趣的策略是利用交易数据帮助某玛，把顾客从低利润商品区带到高利润商品区。在购物中心，某玛拖把和扫帚放在低利润的食物和高利润的家用设备之间，同时在附近摆放电子器具和衣物。在婴儿用品走廊里，婴儿食品、玩具和尿布同婴儿的衣物和药品一起摆放。

（二）外部二手数据

外部二手数据是公司从外部获得的数据，如政府统计年鉴、图书馆等。下面列出了主要的外部二手数据源。

1. 公共机构

（1）政府机构，如工商、物价、统计、商务等相关部门。政府部门发布的法律法规和公报，出版的各种年鉴、内部通讯、政府网页等。政府机构发布的数据既有定性的，也有定量的，包括与人口、经济发展、消费模式、卫生、教育、环境和许多其他主题有关的信息。世界上几乎每个国家都收集官方统计数据，通常采用严格的方法，而且大多数国家都向公众提供统计数据。例如，中国国家统计局每年都会发布全国范围内的数据，涉及多个主题，如县市基本人口统计、教育水平、供水情况、家电普及率以及许多其他信息。

我国宏观经济信息资料主要来源于国家统计局、国家信息中心、商务部等综合部门；行业信息主要来源于国务院各部、委（局），如商务部、工业信息化等。

（2）行业协会。行业组织定期或不定期地通过内刊物发布各种资料，包括行业法规、市场信息、形势综述、统计资料汇编等，这些资料对调研者了解行业发展现状、动态和发展趋势，有十分重要的参考价值。这些数据通常可以在图书馆和互联网上找到。贸易和专业协会发布信息以满足特定行业的需求，如中国食品工业协会（https://www.cnfia.cn/）和中国保险行业协会（https://www.iachina.cn/）。

（3）科研单位，如高校或学术团体。

（4）国际组织，如国际货币基金组织（IMF）、经济合作与发展组织（OECD）、国际贸易中心（ITC）、世界银行等。

（5）科研院所、高等院校附属科研机构、图书馆、档案馆等。各国都建有公共图书馆，它是各种文献资料的集中收藏者，一般公开出版的书籍、杂志、报纸、光盘等都有收藏。而档案馆也是重要的二手资料来源地，档案馆保存有国家拥有的各种技术档案、社会档案，对调研者查询某些专门资料，具有其他资料来源不可替代的作用。

2. 新闻出版部门

新闻媒体所发布的信息资料是企业重要的资料来源。主要媒体有报纸、杂志、广播、电视和网络。电视台、广播电台作为现代重要的媒体，在企业的经营活动中作用日益重要

（1）报纸和杂志。商务性和行业性的报纸、杂志是各种资料的重要来源。如《经济日报》《中国经营报》《经济研究》《管理世界》《中国软科学》《销售与市场》等。

（2）书籍。

（3）论文和专利文献等。

3. 专业调查公司

许多市场调研公司都会定期进行调查，它们会使用预先设计的问卷对大量样本进行调查访谈，因此可以提供一般性调查数据、广告评估数据、心理测评数据等。专业调查公司会在网站上发布许多主题的白皮书（与行业问题相关的报告），以树立自己在该领域的权威地位。另外，上市公司还会定期公布财务报表，也是二手资料的一个重要来源

4. 互联网数据及大型数据库资源

互联网数据是指在互联网上生成、传输和存储的所有信息，包括文本、图像、音频、视频、电子邮件、网页、社交媒体帖子、数据库记录、软件代码等。随着互联网的普及和技术的发展，互联网数据的量级正在以惊人的速度增长，每天都有大量的新数据产生。可以通过门户网站、搜索引擎、论坛、电子公告、电子邮件等收集到大量二手资料。

大型数据库资源通常指的是那些能够存储、管理和处理大规模数据集的系统。这些系统用于支持各种业务需求，包括事务处理、数据分析、报告以及实时决策。大型数据库可以是关系型数据库管理系统（RDBMS），也可以是非关系型数据库（NoSQL），或者分布式数据库（DDB），它们可以运行在本地服务器集群或云基础设施上。

四、二手数据的优缺点

在使用二手数据之前，调研员应该意识到它们的优点和劣点。

（一）二手数据的优点

二手数据有五个主要优点：①二手数据可以快速获得；②与一手数据相比，收集二手数据成本低；③对于任何市场问题都有一定的相关的二手数据；④二手数据信息量大，甚至可以帮助实现所有调研目标。例如，一家连锁超市的营销经理希望将电视广告预算分配到该连锁超市所在的12个区域。对二手数据的快速回顾表明，食品零售额是按电视市场区域划分的。根据给定市场中食品销售的百分比分配电视广告预算，将是解决问题并满足调研目标的极好方法。

（二）二手数据的缺点

1. 测量单元不符合需要

二手数据以不同的单元测量，如地区单元、时间单元等。地区单元如县、市、都会区、州、邮政编码和其他统计区域等。时间单元如年、月、周、日等。二手数据是否可用取决于其测量单元是否满足需要。例如，评估南京市某产品销量的调研员，会选择以市为单元的累计数据。但如果调研员需要评估街道客流量为零售店选址，市级数据不能满足需要。

2. 不匹配的测量单位

有时二手数据的测量单位与调研者需要的测量单位不匹配。例如，调研者试图比较两个国家城市地区家庭的平均收入。如果一个国家的收入是税后的年收入，而另一个国家的收入是税前的月收入，则难以进行比较。

3. 不可用的分类

二手数据的类定义可能对调研人员不可用。二手数据通常将变量分类并报告在每个类别中出现的频率。例如，将家庭收入分为三个类别。第一类是月收入在20 000元到34 999元之间的家庭比例，第二类是月收入在35 000元到49 999元之间的家庭比例，第三类是月收入在5万元及以上的家庭比例。对于多数研究，这种分类是适用的。但是，对于目标市场定在家庭平均月收入在80 000元以上的产品调研，该数据难以使用。

4. 时效性差

二手数据往往基于过去的信息，可能无法及时反映当前的情况，尤其是在快速变化的环境中，这影响了其作为决策依据的有效性。

第二节　订购二手数据

一、订购二手数据的含义

订购二手数据是一种二手数据，其收集的数据或收集数据的过程是专为订购者准备的。顾名思义，订购二手数据是需要订购者付费才能获得数据或数据收集服务。中国某瑞咨询公司面向国内外企业，提供订购数据。订购二手数据可以是长期的消费者行为跟踪数据，也可能是一项调查。其目标是为订购的企业提供所需数据，完成市场决策。

二、订购二手数据的用途

订购二手数据在市场决策中意义重大，如衡量消费者的态度和意见，市场细分，监控媒体的使用和推广效果，以及进行市场跟踪调查。

(一)衡量消费者的态度和意见

企业管理者对消费者的态度和意见较为感兴趣,订购二手数据在一定程度上帮助管理者了解消费者对某项产品或服务的态度。

(二)市场细分

订购二手数据可为客户公司提供适当的方法来识别目标市场,定位目标消费者,并提供有助于制订营销策略的信息。此类服务的基础是人口统计数据(性别、年龄、职业、教育水平、收入水平等)。将人口统计数据连接到特定的地理位置(纬度和经度坐标),完成目标消费者的锁定,该方法称为地理人口统计方法。在地理信息系统(GIS)的帮助下,人口地理学家可以访问庞大的数据库,并构建居住在目标区域的消费者概况,完成与营销策略相关的市场细分。

(三)监控媒体营销效果

咨询公司常年跟踪测量电视收视率、广播听众率、媒体的营销效果。当营销活动如广告在报纸、邮件、网站、杂志或包装上出现时,企业管理者想知道这些广告是否引起消费者的注意,以及消费者对这些广告的看法。订购二手数据服务可用于监控媒体营销活动的效果。为了测量消费者对媒体营销的反应,咨询公司可以通过大型的实地实验,观察消费者翻看电子杂志或其他印刷材料的情况,然后,测量读者从阅读杂志中回忆起的内容。以此监控媒体营销效果。

(四)提供商品零售信息

零售数据是企业管理者的重要信息来源,包括消费者购买什么品牌和产品、购买数量、在哪些商店、以什么价格购买。分析零售数据可以让制造商和零售商了解产品在不同的促销和竞争条件下的销量是如何变化的。例如,某瑞咨询公司用不同的方式跟踪零售商品流动。首先,消费者在他们购买的商品上刷条形码,数据被上传到某瑞咨询公司的数据库。其次,某瑞咨询公司与许多零售商达成协议,购买销售点数据,即扫描产品时收集的数据。订购这些数据,企业管理者即可了解哪些品牌在哪些零售商处销售的最新消息。

三、订购二手数据的分类

订购二手数据有两大类:辛迪加数据和定制数据。

(一)辛迪加数据

辛迪加数据又称聚合数据,是指由第三方机构收集和分发的数据,用于商业目的。这些数据通常是从各种来源聚合而来，如调查、市场研究或公共记录。辛迪加数据能够提供有关消费者行为、市场趋势和行业基准的宝贵见解，使企业能够作出明智的决策。

举例来说，一个市场调研公司可以收集各个城市的销售数据以及相关的经济指标，然后将这些数据打包成辛迪加数据，并提供给客户使用。这样的数据可以帮助客户了解不同地区的销售趋势、竞争对手的市场份额以及产品在市场上的表现情况。通过分析这些数据，客户可以制定更有效的营销策略、优化供应链、改进产品设计等。

辛迪加数据的优点：收集信息的费用可以由客户共同分摊；辛佳迪数据的可信度高；辛佳迪信息公司能够更加深入地进行调研，收集更多的资料；信息的需要者可以非常快地获得所需的信息。辛迪加数据的主要应用在于：测量消费者态度以及进行民意调查；确定不同的细分市场；进行长期的市场跟踪。

（二）定制数据

定制数据是指为特定客户生成的数据。与辛迪加数据不同，定制数据对于每个客户来说都是不同的。定制数据的提供者需要有一整套完整且成熟的数据生成方式。例如，某瑞咨询公司会自行研制测量消费者满意度的方法，客户公司会根据自己的需求，向某瑞咨询公司定制数据。除了消费者满意度外，其他一些营销研究服务，如测试营销、命名新品牌、新产品定价等，都可通过定制数据实现。

例如，餐厅选址可定制住宅社区的数据，以便更好地了解目标消费者是谁、他们在哪里、如何找到他们，以及如何营销。不同住宅社区所生成的数据是不同的。

四、订购二手数据的优缺点

（一）订购二手数据的优点

（1）共享成本。咨询公司定期为许多客户提供服务，这一过程效率很高，比买方公司自己进行数据收集的成本要低得多。同时，可能会有许多客户公司订购数据，咨询公司的服务成本也会大大降低。

（2）收集的数据质量较高。由于订购二手数据公司专门从事标准数据的收集，而且它们的长期生存能力取决于数据的有效性，因此所收集数据的质量通常非常高。

（3）信息收集非常迅速。咨询公司效率高、周转时间短，数据收集的速度非常快。

（二）订购二手数据的缺点

（1）买方对收集的信息几乎没有控制权。

（2）缺乏战略信息优势，因为所有竞争对手都可以订购相同的数据。在许多行业中，企业如果不购买这些数据，就会处于战略劣势。

（3）买方压力大。买方需要充分了解咨询市场的特性，熟悉咨询公司提供的服务，以确保订购的数据符合预期。

第三节　二手数据的网络收集方法

收集二手数据的方法很多，除了本章上述内容涉及的互联网搜索、内部数据库查询、图书馆资料库查询以及订购等常用方法外，还有使用新技术的数据收集方法。下面介绍三种方法：数字跟踪法、网络爬虫法和社交媒体监听法。

一、数字跟踪法

数字跟踪法是跟踪消费者线上行为的方法统称。营销的数字化转型仍在继续，人们越来越多地在互联网上了解产品和服务，并购买东西。当消费者使用网络或应用程序研究疾病、购买运动鞋或诊断电脑问题时，他们会留下数字痕迹。调研员使用 cookie 和设备 id（标识）跟踪消费者在线行为，记录行为痕迹。这些记录数据有助于优化网站和应用程序，提高在线广告的有效性，预测销售趋势，等等。

数字跟踪可以回答重要的市场问题。例如，管理者想知道是什么引导消费者访问零售网站？有无点击广告？是否使用搜索引擎来检索产品？是否直接去了网站？消费者为什么决定在流媒体平台观看电视剧？是在社交媒体平台上知道这部剧的吗？还是看到了广告？

cookie 一种文本文件，由网页浏览器发送到用户的浏览器，用于存储用户的浏览信息。设备 id 是可以追溯到单个设备的唯一标识符，如智能手机或平板电脑。cookie 和设备 id 允许调研员为用户分配 id 并跟踪他们的在线行为。

企业可以使用数字分析软件，分析消费者的在线行为。调研员可以分析出数字产品是如何被使用的、谁在访问网站和应用程序、消费者去了哪里、消费者停留了多长时间，以及他们在什么时候离开。

一些企业不仅在自己的网站和应用程序上跟踪用户的行为，还获取用户在其他网站的在线甚至离线的活动信息，以创建更全面的消费者档案，收集地理位置数据，或识别电子设备的物理位置数据。例如，计算机的 IP 地址可以链接到物理地址，然后可以与公开可用的信息相匹配。移动设备可以通过 Wi-Fi 热点或收集位置数据的应用程序（如天气应用和地图应用）进行追踪，这些应用程序经常将用户的位置数据出售给第三方。调研员收集人们的这些数据——他们点击的页面、他们喜欢的帖子、他们购买的商品、他们使用的设备、他们下载的应用程序、他们访问的地点等——然后将这些数据汇总起来，细分市场。企业可以精确地将产品和服务定位到目标市场。

二、网络爬虫法

网络爬虫也叫做网络机器人，可以代替人们自动地在互联网中进行数据信息的采集与整理。在大数据时代，信息的采集是一项重要的工作，如果单纯靠人力进行信息采集，不仅低效烦琐，采集的成本也会提高。此时，可以使用网络爬虫对数据信息进行自动采集，如应用于搜索引擎中对站点进行爬取收录，应用于数据分析与挖掘中对数据进行采集，应用于金融分析中对金融数据进行采集，除此之外，还可以将网络爬虫应用于舆情监测与分析、目标客户数据的收集等领域。

网络爬虫，可以私人定制一个搜索引擎，并且可以对搜索引擎的数据采集工作原理进行更深层次的理解。网络爬虫自动地采集互联网中的信息，采集后进行相应的存储或处理，在需要检索某些信息网络的时候，只需在采集的信息中进行检索，即实现了私人的搜索引擎。

当然，信息怎么爬取、怎么存储、怎么进行分词、怎么进行相关性计算等，都是需要设计的，网络爬虫技术主要解决信息爬取的问题。

网络爬虫可以让我们获取更多的数据源，并且这些数据源可以按我们的目的进行采集，可以去掉很多无关数据。在进行大数据分析或者进行数据挖掘的时候，数据源可以从某些提供数据统计的网站获得，也可以从某些文献或内部资料中获得，但是这些获得数据的方式，有时很难满足我们对数据的需求，而手动从互联网中去寻找这些数据，则耗费的精力过大。此时就可以利用网络爬虫技术，自动地从互联网中获取我们感兴趣的数据内容，并将这些数据内容爬取回来，作为我们的数据源，从而进行更深层次的数据分析，并获得更多有价值的信息。

三、社交媒体监听法

一般而言，社交媒体监听是指通过监听社交媒体平台上的对话和咨询，从中收集用户的行为和偏好信息。它涉及观察社交媒体平台上的品牌提及、主题标签和关键词。并利用这些信息积极回应用户的消息、评论等。这与社交媒体聆听略有不同，其中涉及分析受众对品牌的行为、情绪、偏好和看法，以期做出改变。因此，社交媒体监听更多的是获得洞察力，可以利用这些洞察力来制定社交媒体营销策略。

社交媒体监听可帮助企业与社交媒体上的受众互动并在需要时采取行动。在品牌声誉方面，有助于回应用户了解用户的问题，以维持积极的品牌形象；在危机管理方面，在负面评论和错误信息进一步升级之前识别并作出回应；在趋势识别方面有助于找出受众在互联网上谈论的内容；在影响者搜寻有助于确定将来可能想要合作的营销影响者。

Semrush Social 是一款全面的社交媒体管理解决方案，可帮助企业处理从后期安排到分析绩效的各个方面。使用社交收件箱功能掌握跨平台的用户通信。并启用通知，这样用户就不会错过提及或参与的机会。设置很简单。打开 Semrush Social，选择"社交收件箱"选项，然后单击"连接 个人资料"按钮。

案例分析 3-1：中国城市分层研究

2000 年以后，跨国公司在中国的目标：①达到足够的销售额来平衡在中国的巨大投资；②在全国市场上，或至少 50 个城市中，保持领导地位；③将战线扩展到一、二线城市以外的地方；

因此，市场调查公司面临着迫切的研究需求，要求市场调查能够：深入到一、二线城市以外地区；广泛地覆盖各线城市；用具有代表性的城市样本来推测全国市场。

H 国际市场研究有限公司（以下简称 H 公司）针对上述市场需求，对城市分类问题进行了深入的研究（主要使用文案调查法）。目前中国的实际情况是，共计有城市 640 个（2 亿非农业城市人口）；镇 17 000 个以上；村 740 000 个以上。H 公司的研究旨在寻找更好的城市分类方法及结果。具体来说，其主要目的是所抽取的样本能代表整个中国，用系统的方法将城市分类；切合营销计划。目前的城市分类具有如下的特点。

（1）按政府定义的两种方式分类。

第一，按行政级别分：省级市、地级市、县级市。

第二，按人口数分：10 个超大城市（人口 200 万以上）、22 个特大城市（人口 100 万～200 万）、42 个大城市（人口 50 万～100 万）、191 个中等城市（人口 20 万～50 万）、375 个小城市（人口 20 万以下）

（2）使用一系列认为重要的指标分类。例如：人口、国内生产总值等。

（3）各个跨国公司按主观定义分类。

（4）根据经济社会指标因子进行分类。

H 公司的研究提出了一种新方法，与目前的方法相比，新方法的特点和具体做法可以归纳为以下几点：更系统、更科学，客观的方法而非主观的判断；更多有代表性的指标，采用 34 个经济社会指标进行了因子分析，这些指标包括人口、人均国内生产总值、零售总额、人口密度、电话机拥有率、平均年收入、医生比例、年末储蓄；分析因子后，保留了 10 个高度相关的指标，归纳出 3 个因子（累计方差贡献率 80.1%），如表 3-1。

表 3-1　经济社会指标因子

市场容量标准	经济发展标准	城市化标准
非农业城市人口	人均国内生产总值 人均零售额 平均收入 居民电话拥有率 人均银行储蓄 人均电讯消费	非农业人口比例 第三产业比例 每万个居民中医生的数量

根据这3个因子进行聚类分析，分类的结果如表3-2所示。

表 3-2　分类结果

城市类型	城市数量
一线城市	17个
二线城市	50个
三线城市	197个
四线城市	369个

其中7个城市因数据不足无法归类。这四个层次的城市类别在主要分类指标上的平均值几乎都有显著的差异（见表3-3）。

表 3-3　四个层次的城市类别在主要分类指标上的平均值差异

	指标　　城市类别	一线城市	二线城市	三线城市	四线城市
与市场容量有关的指标	国内生产总值（百万美元）	3 018	861	316	115
	非农业城市人口（万人）	6 912	1 776	686	367
与经济发展有关的指标	人均国内生产总值（美元）	1 756	1 645	948	674
	人均零售额（美元）	798	667	348	22
	100个居民中拥有电话的数量（个）	21.2	18.2	9.1	4.5
与城市化有关的指标	非农业人口占总人口的百分比	76%	78%	48%	27%
	第三产业占所有劳力的百分比	42%	37%	29%	25%
	每万人中医生的数量（名）	49	44	27	19

对每个类别的城市进一步考察，H公司又对各线内的城市作了进一步的比较。

一线城市的具体情况（17个城市）：一线城市群一：中国最大都市，最大市场（2个城市：北京和上海）；一线城市群二：地区中心城市，特大省会和直辖市（5个城市：天津，广州，重庆，武汉，沈阳）；一线城市群三：大型省会城市（10个城市：哈尔滨，南京，成都，西安，昆明等）。

二线城市的具体情况（50个城市），二线城市群一：经济特区（深圳，珠海），经济发达，高度城市化，人口少；二线城市群二：省会城市（如太原，郑州，南宁），人口约100万，中等经济水平；二线城市群三：沿海省份的发达城市（如宁波，厦门，苏州），人口60万~90万；二线城市群四/五：重工业城市（如鞍山，淄博，唐山），人口80万~120万，中等经济水平。

三线、四线城市的具体情况：三线城市（197个，分为14个群），主要为中等规模城市（非农业城市人口30万~50万），轻工业城市；四线城市（369个，分为16个群），主要为小城市（人口少于20万）、边界城市/山区城市、城市化程度低/未开发的城市。

问题：

请说明H公司是如何进行二手资料收集和分析的。

【参考答案】

通过二手资料收集进行数据收集，包括政府数据、期刊等文献材料等，可以通过统计局官方网站和一些城市分层的期刊文献数据库进行资料的收集。本案例的二手数据是采用了因子分析和聚类分析，对城市分层的指标和分层结果进行了分析。

案例分析3-2：二手信息在V-8电视广告媒介选择中的作用

C公司正在为V-8果汁选择理想的电视肥皂剧广告媒介。C公司通过收集与之有关的产品消费、媒体消费和人口统计学特征等方面的文献资料，发现人口统计学上相同的电视观众对V-8的消费量是大大不同的。假定V-8的平均家庭消费量指数为100，则肥皂剧《General Hospital》的平均家庭消费量指数为80以下，而肥皂剧《Guiding Light》的平均家庭消费量指数为120以上。这一发现有些出乎意料，也非常有价值。由于V-8的主要消费群体是年龄在25至54岁的女性，而现有资料表明，《General Hospital》的这类观众占比略高于《GuidingLight》的同类观众，她们是人口统计群体里最有可能购买V-8的人。因此，C公司认为《General Hspital》很有可能成为提高V-8消费量的重点媒介选择。C公司根据文献资料获得的这个发现，重新调整其广告媒介选择策略，取得了显著的成效。

问题：

结合案例说明二手资料收集的作用。

【参考答案】

C公司收集与之有关的产品消费、媒体消费和人口统计学特征等方面的文献资料，成功地选择了广告媒体，二手资料省时、省钱，并且能够在广告媒体选择、市场选择以及很多方面有广泛的作用。

实训题：分析二手房交易数据

实训任务：对所在城市二手房交易进行分析，对所在城市房地产市场中行业竞争情况分析，对所在城市近三年本科毕业生就业情况进行分析，对所在城市居民收入情况进行分析，也可以自拟题目。要求分组完成二手资料收集，并完成1 000字左右的市场调查报告。本次训练，让学生了解文案调查法的程序，掌握文案调查法的技巧。让学生学会去查找资料、收集资料、运用资料。

思考题：

（1）什么是二手数据，它们与一手数据有何不同？

（2）描述内部和外部数据的来源。

（3）讨论二手数据的缺点。

（4）订购二手数据是什么意思？如何订购？

（5）什么是辛迪加数据？给出一个提供辛迪加数据的公司例子，并描述它提供的数据信息。

（6）定制数据与辛迪加数据有何不同？

（7）辛迪加数据的优点和缺点是什么？

（8）简述二手数据的网络收集方法？

第四章 一手数据收集

【学习目标】
◎了解一手数据的含义和收集方法
◎掌握量化实验法及控制其有效性的方法
◎掌握访问、观察、网络调查法及其适用条件
◎了解各种市场调查数据采集的方法在市场调查中的重要作用

引例：逆市下的厦门中央公园营销困境

厦门T有限公司成立于1996年5月，总部位于厦门。该公司是以国内著名上市公司——厦门W公司为背景的大型地产集团。目前T公司已经成为一家以房地产开发为主营业务并集地产行业上下游产业于一体的综合地产运营商，其以"国际视野、中国一流"为开发目标，地产开发业务遍布全国各地，包括厦门、成都、漳州、重庆、泸州等地。厦门T公司至今累计开发建设面积逾百万平方米，是福建省大型房地产开发商之一。其开发团队中高层大多具有金融、财务或工程专业等高素质管理背景。

从2011年12月中旬开始，处于中端的厦门某昌房地产直降4 000元打响了厦门降价第一枪，某科、某州等中低端房地产项目也开始跟进。然而，这些降价举动获得的市场反应可谓有喜有忧，一方面，在促进了销量增长的同时也引起了前期购买这些楼盘业主的强烈抗议；另一方面，一部分楼盘如某湾、某尊等较为高端的项目都选择提价。然而购买反应也不一样，一些楼盘提价的反应较好，反而能促进销量增长，另外一些提价的楼盘则需要面对"有价无市"的尴尬局面。

就在这种开发商犹豫降价还是提价，在潜在购买者犹豫购买与否，在已购买者担心其已购买房产降跌与否多重矛盾的情况下，在"买涨不买跌"的心理下，购房者对降价楼盘的热情是否能持续？均价31 000元/㎡（其中包含装修标准5 000元/㎡）的某三期中央公园的战略营销该何去何从？是否能再像之前的一期销售那样"逆势飘红"，或是像二期销售那样"激流勇进"？在这样的新逆境出现的情况下，某三期中央公园能否利用其独特的"藏獒式营销"方式再续销售神话呢？

带着这些困惑，中央公园营销团队于2010年邀请厦门大学管理学院赵教授带领的团

队每年对海峡国际社区项目进行了调研跟踪,调研跟踪达三年之久。通过实地考察,问卷调查,访谈住户、潜在客户及竞争者,对某三期中央公园的问题进行一手资料收集。

思考题:除了引例中提到的调研方法,还有其他的调研方法吗?

一手数据是企业员工或市场调查专业人员通过实地市场调查得到的相关信息或数据资料;相对二手数据而言,一手数据的收集速度慢、成本高、消耗人力多,但相关性、准确性较好。一般来说,只有二手数据无法解决市场问题,才会去收集一手数据。下文将介绍五种一手数据的收集方法。

第一节 量化实验调查法

一、概念和分类

量化实验调查法是通过设计实验寻找因果关系并用量化公式描述实验过程的方法。实验的过程是操纵其中一个自变量,观察一个或多个因变量是如何受到影响的,同时也控制其他变量对因变量的影响。自变量是调研员控制并操纵的变量,一般来说,可以把产品、价格、促销和地点看作自变量。因变量是根据自变量的变化来衡量的变量,常见的因变量包括销售额、市场份额、客户满意度、销售人员流动率、唯一净利润和净资产回报率。因为管理者不能直接改变因变量,他们试图通过操纵自变量来改变它们。例如,学生想改变平均学分绩点(因变量),必须改变一些自变量,如花在学习上的时间、上课出勤率、阅读课本的投入程度以及在课堂上的听讲习惯。

小链接:外生变量

外生变量是除自变量外可能对因变量有影响的所有变量。举例来说,假设你想知道汽油品牌(自变量)是否会影响汽车的油耗(因变量)。实验是给每辆车加满油,一辆是A牌的,另一辆是B牌的。一周后,计算出A牌汽车每升能跑4.6英里(1英里=1.61千米),B牌汽车每升能跑6.7英里。品牌B比品牌A更省油吗?因变量(油耗)的差异是由于汽油品牌(自变量)造成的吗?这里列举三个外生变量:①一辆车是SUV,另一辆是小型紧凑型;②一辆车主要在高速公路上行驶,另一辆车在交通繁忙的城市行驶;③一辆车的轮胎充气正常,而另一辆车的轮胎没有充气。除了使用的汽油品牌外,这些外生变量中的每一个都可能影响因变量。

实验分为两大类:实验室实验和现场实验。在实验室实验中,一个或多个自变量被操纵,因变量的测量是在人为设计的环境中进行的,目的是控制所有可能影响因变量的外生变量。实验室实验有其优点:第一,它们允许研究人员控制外生变量的影响。第二,与现场实验相比，实验室实验可以快速进行，费用更少。实验室实验的缺点是缺乏自然环境，因此人们担心研究结果不能推广到现实世界。

现场实验是指对自变量进行操纵，在自然环境中对因变量进行测量的实验，现场实验的主要优点是在自然环境中进行研究，从而提高了研究结果在现实世界中的适用性。然而，现场实验既昂贵又耗时。此外，实验人员必须时刻警惕外生变量的影响，这些变量在现场实验的自然环境中很难控制。

二、实验设计

实验设计是设计一个实验环境，使因变量的变化可以完全归因于自变量的变化。换句话说，实验设计是允许实验者控制任何外生变量对因变量的影响的过程。这样，实验者就可以确信因变量的任何变化都是由自变量的变化引起的。

两种常见的实验设计类型是前后测试和 A/B 测试。前后测试通过改变一个或多个自变量来测量因变量，然后测试自变量的变化如何影响因变量。A/B 测试包括同时测试多个独立变量。

（一）前后测试实验设计

前后测试可以通过将实验对象随机分为两组：对照组和实验组来实现。对照组是指受试者没有受到自变量变化影响的一组。实验组是受试者有受到自变量变化影响的一组。对照组的目的是衡量外生变量对因变量的影响。

首先，我们列出实验设计的符号：

O= 因变量的测量

X= 对自变量的操纵或改变

R= 将受试者（如消费者、商店）随机分配到实验组和对照组

E= 实验效果，即因变量因自变量而发生的变化

在改变自变量之前对因变量进行测量，该测量称为预测。在改变自变量后对因变量进行测量，该测量称为后测。

小链接：实验案例——检验菜单营养信息和餐厅营业额的因果关系

假设 A 连锁餐厅在全国各地有 100 家餐厅，将它们随机分为两组，每组 50 家。先对这两个群体的营业额（因变量）进行预测。然后，将营养信息（自变量）添加到实验组的菜单中。经过一段时间后，对两组餐厅进行后测。该实验设计可用量化公式表示为：

实验组（R）$O1$ $O2$

对照组（R）$O3$ $O4$

实验效果 $E=(O2-O1)-(O4-O3)$

注意对照组和实验组应满足等效性，即在各方面尽可能相等。两组在高收入、中等收入和低收入地区都有相同数量的餐厅，在注重锻炼和营养的地方也有相同数量的餐馆，餐厅的平均开办时间、平均面积、平均员工人数、实验前的平均营业额等都应该相等。除了随机化之外，还有其他获得等效性的方法，如根据重要的标准进行匹配。当随机化或匹配不能满足等效性时，实验效果会受到影响。

案例实验设计中，R 表示将餐厅随机分为两组：实验组和对照组。因变量餐厅营业额的预测为 $O1$ 和 $O3$。通过 X 符号看到，只有在实验组的餐馆中，菜单添加营养信息。最后，$O2$ 和 $O4$ 同时进行因变量的后测。

量化实验效果为：$(O2-O1)$ 测量了实验期间因变量的变化，这些变化归因于菜单信息（自变量）和其他外生变量的变化。$(O4-O3)$ 则测量了由外生变量引发的因变量的变化。因此，实验组与对照组$(O2-O1)-(O4-O3)$测量的即为仅仅由自变量引发的因变量的变化。表示为实验效果 E。

（二）A/B 测试

A/B 测试是同时测试两个备选方案（A 和 B），看看哪一个表现更好。注意，虽然这种类型的实验称为 A/B 测试，但可能测试两个以上的备选方案（A/B/n 测试）。通常，使用 A/B 测试来确定两个或多个营销方案中哪一个更好，如两个定价水平，两种包装类型或两个不同的品牌名称。A/B 测试中对 A 组和 B 组的设计要求是要满足等效性。

A/B 测试还常用于网站或应用程序上的实验，如测试页面设计、标题、广告文案、产品描述、照片和许多其他与网站设计相关的自变量。通过一个重要的衡量标准，如点击量、销售额或重复访问量，来比较网站的 A/B 设计，以确定哪个设计更优秀。由于其准确、快速和低成本，A/B 测试被许多网络公司使用。

三、实验有效性

实验的有效性是通过内部效度和外部效度来评估的。

（一）内部效度

内部效度是指调研员能够确定因变量的变化是由自变量引起的程度。在案例实验中，将餐厅扩大到 100 家，并将它们随机分为两组，以确保实验组和对照组的等效性。如果不能保证两组的等效性，两组之间的差异可能归因于一个不受控制的外生变量。无法保证因变量的变化仅仅归因于自变量的变化。缺乏内部有效性的实验会产生误导性的结果，失去了决策参考价值。

（二）外部效度

外部效度是指在实验过程中观察到的自变量和因变量之间的关系可以推广到"现实世界"的程度。换句话说，实验的结果是否适用于所有连锁餐厅。外部效度受到样本代表性的影响。例如，一些总部设在冬季寒冷的大城市的企业，却在温暖的热带地区进行实验，尽管实验内部有效，但外部效度难以保证。

此外，外部效度还受到设计因素的影响。为了控制尽可能多的变量，一些实验设计与现实世界的条件相差甚远，难以适用于现实世界，实验效果不太可能在现实世界中实现，那么这个实验就缺乏外部效度。

第二节 访问调查法

访问调查法是调查者运用访谈、询问的方式向被调查者了解市场状况的一种调查方法，又称采访法、询问法。访问调查是调查者与被调查者相互作用、相互影响的过程，对调查者的访谈技巧提出了较高的要求，是市场调查中最基本、最常用的调查方法。

根据调查者与被调查者接触方式的不同，访问调查法可以分为面谈访问法、电话访问法、邮寄调查法和留置调查法四种。

一、面谈访问法

面谈访问法是指调查者通过面对面询问被调查者，收集市场信息资料的方法。它是市场调查中最古老、最通用、最灵活的一种调查方法。在面谈访问时，人们既可以按照事先设计好的问卷或调查提纲询问，也可以围绕调查问题直接交谈。面谈访问法有个人面谈、小组面谈、一次面谈、多次面谈等多种形式。具体采取何种面谈方式和形式，根据调查目的确定。

（一）面谈访问法的优点

1. 可靠性大

调查者能够直接接触被调查者，当面听取被调查者的意见并观察其反应，了解被调查者的心理状况，判断分析回答的可靠程度。对于不符合样本条件的被调查者，可以立即终止访问。

2. 灵活性强

调查者可根据访问调查的具体情况，深入浅出地开展访问调查；也可根据被调查者的情况，确定采取一般调查方式还是重点调查方式。

3. 偏差小

调查者可以对被调查者不清楚或有歧义的地方进行解释,避免被调查者因理解错误产生偏差。

4. 回收率高

调查者通过与被调查者面对面接触,可以避免被调查者因各种原因拒绝填写问卷的情形,是回收率最高的调查方法。

(二)面谈访问法的缺点

1. 费用较高

对于规模较大、被调查者地域分布广、复杂的市场调查,需要的人力、物力、财力支出都较大。

2. 受主观因素影响较大

调查者为了赶进度,可能没有按照随机样本进行调查,也可能没有深入调查,甚至没有实地调查。在调查过程中,调查者的语气、见解、态度、专业水平等都会对被调查者产生影响。

3. 对调查者素质要求较高

面谈访问需要调查者仪表大方、语言流利、能随机应变。调查者既要善于表达,也要善于倾听和引导,面谈访问对调查者的沟通能力提出了很高的要求。

(三)面谈访问法的具体形式

1. 入户访问

入户访问是调查者按照抽样方案中的要求,到抽样选中的家庭或单位中利用事先准备好的问卷或提纲与被调查者开展一对一的访问。入户访问方式灵活,谈话有针对性,伸缩性强,能产生激励效果。

2. 定点拦截访问

定点拦截访问是根据调研目的和被调查者特点,在受访人群较为集中的地方(如大型商场、公园、娱乐场所等)选择一个相对固定的访问点,对符合访问条件的被调查者进行访问的一种调查方法。

这种方法操作简便、费用低,适合问卷内容较少(10分钟以内),目标人群不易控制的调查项目。这种方法对于初入调查行业的人员能起到良好的锻炼作用。

3. 小组座谈会

小组座谈会以6~10人为一组,在主持人的引导下对某个主题进行深入讨论。小组座谈会通常用于解决一些了解消费者行为、需求和态度的问题,所获得的结果是定性的,也是进行定量调查之前必要的步骤之一。小组座谈会对主持人要求较高，调查结果的质量十分依赖于主持人的主持技巧。

4. 深度访谈

深度访谈是市场调查中较常使用的一种定性调查方法，原意是调查者和被调查者相对无限制地一对一会谈。深度访谈探讨的话题相对更深，访谈内容相对较多，能够探索被调查者的内心想法，能避免公开讨论敏感性话题可能引起的尴尬。深度访谈对高素质、高层次的人群较难预约，难以确定所选取的被调查者是否具有典型意义。

（四）面谈访问法的应用范围

1. 消费者研究

消费者的消费行为、消费需求、消费心理、消费态度、消费习惯、消费满意度等，都可以通过面谈访问法深入了解。

2. 产品研究

新产品开发、产品使用状况、产品偏好、产品质量、性能、技术服务、改进建议等信息，都可以通过面谈访问法了解。

3. 媒介研究

如广告投放效果研究、媒介接触行为研究等。

4. 市场容量研究

如对各品牌市场占有率研究、某类产品市场容量研究、市场潜力的估计等。

二、电话访问法

电话访问法是调查者依据抽样要求或样本范围，借助电话（手机）向被调查者了解市场状况的一种调查方法。除了采用传统打电话的方式进行调查访问外，还有计算机辅助电话访问（CATI）。计算机辅助电话访问是在一个装有计算机辅助电话调查设备的中心地点，访问员在计算机终端或个人计算机前，使用一份按计算机设计方法设计的问卷，用电话向被调查者进行访问，用计算机进行录入和统计的一种调查方法。CATI技术目前已经成为国内外专业调查机构开展民意研究和市场调查最主要的数据收集工具。

调查者进行电话访问前需事先设计好问卷，调查问题要简明扼要，便于记录，避免通话时间过长。电话调查常用是非法，即在是与非、有与无中"二中取一"进行调查。例如，您是否购买过医疗保险？您的闲置资金是投资股票还是基金？

（一）电话访问法的优点

（1）只需要电话费，可以足不出户地完成调查，调查费用少。

（2）能在短时间内获得调查信息，能节省大量调查时间。

（3）覆盖面广，基本不受地域限制。

（4）免去被调查者的心理压力，其可以畅所欲言，轻松回答问题。

（二）电话访问法的缺点

（1）难以和被调查者进行深入交流，无法询问一些比较专业、复杂的问题。

（2）不容易取得被调查者的信任，对不方便接电话者难以引导。

（3）无法了解被调查者回答问题时的状态，对回答问题的真实性难以作出准确的判断。

电话访问法对于调查项目单一、问题较为简单明确，并且需要及时得到调查结果的调查项目来说，是一种较合适的调查方法。

三、邮寄调查法

邮寄调查法是指调查者将设计印制好的调查问卷或表格，通过邮政系统寄给选定的被调查者，被调查者按照要求完成问卷后再寄回，调查者对寄回的资料进行整理分析的一种调查方法。邮寄调查法主要有两种形式：一是调查者利用通讯录、消费者名单等选择被调查者，将问卷寄给被调查者，并请被调查者填好后寄回；二是调查者委托某一媒体发布调查问卷，请被调查者完成问卷后邮寄给调查单位。

（一）邮寄调查法的优点

（1）调查成本较低。只需要支付邮资和问卷印刷费即可。

（2）调查范围广。邮政系统能送到邮件的地方都可以调查。

（3）调查时间充分。被调查者有充足的时间完成问卷。

（二）邮寄调查法的缺点

1. 回收率低

由于被调查者可能不会回复和邮寄邮件，因此回收率低，实际回收率往往低于10%。

2. 信息反馈周期长

被调查者因为各种原因不会及时填写问卷或立即寄回，所以调查回收期较长，这也影响了调查数据的时效性。

3. 问卷可靠性难以判断

因为与被调查者没有接触，调查者无法判断被调查者的性格特征和回答问卷时的情绪态度，从而无法判断回答的可靠性。

随着互联网的普及，邮寄调查法运用得相对较少。一般来说，当调查对象的地址比较清楚，调查时效性要求不高，调查经费较为紧缺，同时调查内容又比较多、比较敏感时，采用邮寄调查法比较合适。

四、留置调查法

留置调查法是指调查者将事先印制好的调查问卷当面交给被调查者，并说明调查的目的、要求，留下问卷，让被调查者按时自行填好后，由调查者在规定时间内回收的一种调查方法。留置调查法是一种介于面谈访问法和邮寄调查法之间的调查方法。

（一）留置调查法的优点

1. 回收率高

由于调查者和被调查者有较好的面对面交流，调查者也会按期去收取问卷，因此回收率能得到保障。

2. 问卷填写时间充分

被调查者有比较充分的时间填写问卷，能够做出较为准确的回答。

3. 准确性较高

由于调查者详细说明了调查的目的、要求，解释了调查中的关键问题，被调查者随时可以通过电话等方式询问调查者，可以避免漏答、错答，能较为真实、准确地反映调查信息。

（二）留置调查法的缺点

（1）调查地域范围有限。

（2）需要发放和回收共两次访问，调查花费时间较长。

上述四种访问调查法的比较如表4-1所示。

表 4-1 四种访问调查法的比较

	面谈访问法	电话访问法	邮寄调查法	留置调查法
回收率	高	较高	低	高
灵活性	强	较强	差	强
准确性	好	好	较好	好
速度	较慢	快	较慢	较慢
成本	高	低	较低	较高

续表

	面谈访问法	电话访问法	邮寄调查法	留置调查法
复杂程度	复杂	较简单	简单	复杂
调查范围	窄	较广	广	较窄

第三节　网络调查法

网络调查法是指利用互联网收集、整理、分析和研究市场信息的一种市场调查方法，是传统调查方法在网络上的应用与发展。目前可以借助的互联网平台媒介有网站、QQ、微信、微信公众号、微博、电子邮箱等。

网络调查法充分利用互联网作为信息沟通渠道的开放性、平等性、广泛性和直接性等特性，从而得到了广泛的应用。其作用主要体现在：借助互联网进行新产品测试、了解企业产品销售状况、获得企业竞争对手的经营策略、监控在线服务状况等。

一、网络调查法的实施步骤

网络调查是企业主动利用互联网获取信息的重要手段。与传统调查类似，网络调查必须实施一定的步骤。

（一）确定网络调查目标

网络调查首先要确定调查目标。企业可以直接与顾客通过多种方式进行沟通，了解企业的产品和服务是否满足顾客的需求，同时还可以了解顾客的潜在需求和对企业改进的建议。

（二）确定网络调查法

网络调查有多种方式。调查者根据调查目的确定合适的调查方法。

1. 网络问卷调查法

网络问卷调查法是在互联网上（计算机或手机）发布问卷，被调查者通过网络填写问卷，完成调查的一种方法。

网络问卷调查一般有三种形式。第一种是站点法，如问卷星，即将调查问卷放在某个专业网络站点上，由访问者自愿填写，填写后站点可以汇总、分析数据。第二种是用电子邮件将调查问卷发送给被调查者，被调查者收到问卷后，填写问卷，并将问卷答案发送到指定的邮箱。这种方式在一定程度上可以对用户背景加以选择，问卷回收率较高。电子邮件调查的每份问卷的答案都是以邮件形式发回的，必须重新导入数据库进行处理。第三种是被调查者用手机扫微信二维码填写问卷。网络问卷调查法是最常用的网络调查方法。

2. 在线访谈法

在线访谈法可通过多种途径实现，如 BBS、QQ 群、微信群、网络会议等。主持人在相应的讨论组中发布调查项目，请被调查者参与讨论，发表各自的观点和意见。或是将分散在不同地域的被调查者通过互联网组织起来，在主持人的引导下进行讨论。这种方法可以减少被调查者的顾虑，使其比较自由地发表个人观点。

3. 在线监控调查法

在线监控调查法是对网站的访问情况和网民的行为进行观察和监测。大量网站都在做这种在线监测，它是一种收集市场信息的有效方法。如果某企业开发了一种新产品，发布到相关网站后，可以通过在线监控获得的点击率来推测该新产品对消费者的吸引力。

4. 在线调查表

企业网站是一个有效的网络调查工具。因网站功能不完善、访问量不大等，网络调查功能往往被企业忽视。有研究资料表明，超过七成的用户表示愿意在网站上提供产品满意度反馈信息，有一半的用户愿意回答对企业产品的需求和偏好方面的问题。企业可以在企业网页上设置在线调查表，使访问者在线填写并提交。

5. 对网站访问者的随机抽样调查

利用一些访问者追踪软件，可以按照一定的抽样原则对某些访问者进行调查，类似传统方式中的拦截调查。例如，在某一天或某几天中的某个时间段，在网站主页上设置一个包含调查问卷设计内容的弹出窗口，或者在网站主页的显著位置上放置在线调查表，请求访问者参与调查。

（三）数据处理和分析

数据处理和分析是网络调查能否发挥作用的关键。市场调查者在获取大量信息后，必须对这些信息进行整理和分析，要尽量排除不合格的问卷，利用相关分析软件进行统计分析。

（四）撰写调查报告

撰写调查报告主要是在分析调查结果的基础上，对调查的数据和结论进行系统的说明，并对有关结论进行探讨性的说明。

二、网络调查法的优缺点

（一）网络调查法的优点

1. 收集信息快

网络信息可以迅速传递给互联网的任何用户。网络调查法可以说是速度最快、最省时间的一种调查方法。网络调查的信息采集、信息录入、信息检验、信息处理等都可以由计算机自动完成，彻底改变了传统调查方式耗费较长时间录入和整理数据的状况。有调查公司从征选调查者到取得调查结果，再到进行信息资料的汇总和总结，只需要5~6天时间。

2. 成本低

利用网络调查法可以大大节省差旅费用、住宿费用、办公用品费用、问卷印刷费用、数据录入费用等。网络调查法所需要的只是网络费用和付给被调查者的费用。

3. 交互性强

在进行网络调查时，被调查者可以及时就问卷的相关问题提出意见和建议，可以减少问卷设计不合理导致的调查结论偏差。

4. 准确性高

网络调查具有隐蔽性和匿名性，每一个被调查者都有毫无顾虑地表达自己真实想法的可能。调查者和被调查者没有直接接触，被调查者不会受到调查者主观因素的影响。调查资料的整理汇总不会出现人工误差。调查者更容易获得真实的调查信息，提高调查质量。

（二）网络调查法的缺点

1. 样本代表性不强

抽样框是在调查中可以调查的个体的集合。例如，在电话调查中，常把住宅电话号码簿作为抽样框；在网络调查中，通常把个人电子邮箱作为抽样框。网络调查抽样框主要存在两类问题：一是并非目标总体中的每一个个体都在网络调查抽样框中；二是网络调查抽样框的结构问题。活跃的网民具有年轻化、知识化等特点，网络调查到的网民不能代表所有受众，这种网络调查抽样框的限制造成样本代表性不强。

2. 难以获得样本的背景信息

由于网络匿名性，被调查者的身份和社会特征难以界定。在网络上，诸如性别、职业身份、年龄等背景信息在填写问卷时可能被故意颠倒，影响网络调查的可信度。

3. 对调查者填答问卷的质量难以控制

现场调查可以及时发现问卷填写的质量问题，而网络调查则无法及时发现问卷填写的质量，拒绝回答或一个人重复多次回答的现象难以避免。一些专业性强或者长度较长的问卷可能出现填答问卷的质量问题。

4. 难以进行具有地域性要求的调查

在市场调查中，有不少调查如居民收入调查、消费水平调查、消费品物价指数调查等，需要根据不同地区的信息资料进行调查。网络调查所得信息难以反映被调查者的地域所在或只针对某一个区域进行调查。

三、提高网络调查结果可靠性的措施

（一）评判网络调查的适用度

网络调查不可能满足所有市场调查的要求。调查者首先分析调查项目是否适合做网络调查，再确定调查形式。凡是适合做网络调查的，其调查结果的可靠性才能得到保证。

（二）对网络调查结果进行纠正

调查者采用关键因素调整法对抽样的结果在事后进行调整，提高调查的可靠性。但关键因素难以确定，调整后的结果到底能否有效提高可靠性还有待验证。

（三）网络调查与传统抽样调查方法相结合

调查者首先将网络调查与传统抽样调查方法相结合，使其适合进行网络调查，然后用传统抽样调查方法对网络调查进行改进，这样抽样的精度可以大大提高。

（四）增强调查的趣味性和采取激励措施

调查者增强网络调查的趣味性和采取激励措施，吸引更多的网民参与调查；充分利用互联网技术优势，通过增强网络调查的趣味性来提高网民的参与度。例如，调查者可以在网络调查问卷中附加多种形式的多媒体背景资料及超文本链接，使问卷图、文、音、像并茂，以达到增强趣味的效果。另外，也可以通过一些小技巧提高参与度，如提供纪念品或填完问卷后进行抽奖等。

案例分析4-1：我国消费者需要什么样的快餐

人们的生活节奏在改变，工作习惯也在变化，一向被认为是好习惯的午休，也在一些部门被悄然取消。对生活情趣的追求似乎也在成为一种时尚。越来越多的人自觉不自觉地与快餐结了缘。

某调查中心在北京、上海、广州、武汉、沈阳五个城市对中国的快餐业做了深入调查。某调查中心向每个城市发放了300份问卷，由调查者随机入户访问，调查结果如下。

（1）在常吃快餐的人中，吃中式快餐的人数是吃西式快餐人数的1倍；29.3%的人在过去一个月中没有吃过快餐；8.3%的人吃过快餐，但实在记不得吃了几次和在什么地方吃的；对于剩下那些吃过快餐的人来说，在过去的一个月中平均吃过9.6次。

（2）尽管西式快餐的声势浩大，但是人们最常吃的快餐还是米饭套餐。对于22.18%的被调查者来说，他们首选米饭套餐；西式的汉堡包位居第二，占21.57%；饺子、馄饨及其他类似面食占18.52%；中式小吃占14.18%；中式面条占10.06%；西式烤鸡占5.03%；中式烤鸡占1.22%。薯条占2.06%；西式面条占0.53%；比萨饼占0.99%；其他各类占3.66%。

（3）不同年龄段的人对快餐的选择不同，12~30岁青少年和青年人偏爱汉堡包、薯条、比萨饼等，尤其以20岁以下的青少年最为突出；60岁以上的老年人坚守中式套餐中的面条、馄饨等。南方人不爱吃面食，自然倾向于米饭类；青年人和中年人多在中午和晚上吃快餐，而老年人更愿在早上吃快餐；最年轻的和最年老的两类人似乎对下午的休息附带快餐和夜宵更感兴趣。

（4）在不同类型企业中供职的员工对快餐的选择居然也有一些差异：国有企业员工在早上吃快餐的比例明显高于其他类型企业的员工；三资企业员工早上吃快餐的最少；三资企业和私营企业晚上吃快餐的比例最高。

（5）在受调查的1 309人中，喜欢吃西式快餐的人达到33.69%，其余人喜欢吃中式快餐。不过，不同的城市还有一些区别：北京的受调查者有58.67%常吃西餐，其中女性比男性更爱吃西餐；上海42.50%的人首选西餐，而且30岁以下吃快餐的人数是30岁以上吃快餐的人数的1倍。按照人均寿命73岁计算，30岁以上的人口远远多于30岁以下的人口；广州、武汉具有相似的特征，常吃西餐者占27.50%，受收入的影响较明显，吃快餐的人的年收入在4万元以上的占到62.70%；沈阳吃快餐的人少一些，只有16.12%。

（6）消费者在选择过程中还会有一些侧重、偏爱。94.46%的人会较多考虑卫生程度；75.38%的人会考虑口味；62.56%的人会关心就餐环境；51.17%的人会要求较高的服务水平；40.60%的人会考虑价格；13.03%的人会把快餐和正餐分开，吃快餐并不影响吃正餐。

问题：

（1）某调查中心采取了怎样的调查方法，有哪些利弊？

（2）根据某调查中心的调查结果，结合自身的感受，你认为中式快餐企业应当如何应对西式快餐企业？

案例分析4-2：食品饮料：从市场一线100+问卷，洞察食品消费情况

2023年10月，某食品团队深入深圳糖酒会现场进行调查问卷收集，从100+份样本看，大部分受访者所在公司实现了销售收入水平的同比提升，但仍然有相当数量的企业销售收入未恢复至疫情前的水平。针对未来消费力恢复的走势情况，绝大部分受访者认为消费力有望恢复至疫情前甚至超越疫情前的水平。

（1）总述：部分企业销售收入水平恢复至疫情前水平，受访者对消费力恢复整体乐观。

本次调查问卷共收集到100+份，其中对于休闲食品、烘焙、预制菜、乳制品、酒类、其他调查问卷分别为33、4、2、27、21、14份，其中休闲食品占比33%，乳制品占比27%；按受访对象的工作类型来看，从事市场销售工作的受访者最多，为57%。按主要销售区域划分来看，本次调查问卷来自华北区域的受访者最多，占比40%。

销售收入同比疫情前恢复情况：不同于超90%的企业反馈销售额同比2022年出现提升，仅70%多的受访者反馈所在公司销售额同比2019年仍然保持了提升。分行业来看，低于疫情前销售收入水平的主要集中于乳制品以及酒类。

消费力恢复展望：超40%受访者认为，"短期内消费能力仍然弱于疫情前水平，但将逐步恢复到疫情前水平"，成为样本中最主流观点；而认为"长期对于消费能力恢复不乐观，消费降级将大行其道"的受访者数量占比仅为16%。反映出大部分受访者对于消费力恢复较为乐观。

（2）休闲食品：收入端复苏趋势明显，盈利能力逐步恢复。

样本情况：年销售额0~100万元的企业占19%，100万~1 000万元占38%，1 000万~1亿元占8%，1亿元以上占36%。

收入恢复情况：复苏趋势明显，规模较大的企业恢复更快。①同比2022年，超95%的企业实现同比正增长；1亿元以上的企业恢复更明显。问卷显示，年销售额1亿元以上的企业中，超过50%的企业增速恢复至30%以上；年销售额100万—1亿的企业中，近一半的企业增速为10%~30%，占比最大；年销售额0~100万的企业中，增速30%以上和0—10%区间的企业占比最大，分别为50%和40%。②同比2019年，约13%的企业尚未恢复至2019年同期水平；其中，100万-1亿规模的企业恢复最慢。问卷显示，年销售额1亿以上的企业中，尚未恢复至2019年水平的企业占比10%出头；年销售额100万-1亿元的企业中，占比17%；年销售额0~100万的企业中，占比10%。

盈利能力恢复情况：大部分企业的盈利能力逐步修复。毛利率普遍集中在15%~30%，同比提升0~10%的占比最多，约40%，同比下滑的占比约20%。横向对比看，不同规模的企业趋势类似。

对后市消费预期：短期看，不同规模的企业普遍对短期消费恢复至疫情前水平充满信心；长期看，中大型企业对长期消费降级趋势存在忧虑。

（3）乳制品：收入整体实现增长，毛利率已进入修复轨道。

收入恢复情况：同比去年大部分企业实现增长，仍存小部分企业未恢复至疫情前水平。本次受访者所在公司的销售规模普遍在千万元以上，占比达到89%。从恢复情况来看，有

89%的受访者反馈所在公司今年销售情况同比去年实现了增长；但与疫情前的2019年相比，部分公司的营收情况出现了下滑，占比为30%。

盈利能力恢复情况：大部分企业毛利率同比去年实现恢复，未恢复企业主要集中于华北、华南。本次受访者所在公司毛利率水平基本集中于30%～50%的范围内，占比达到了三分之二。从同比变动情况来看，超80%的公司毛利率实现了增长；毛利率下滑的反馈主要来自华北及华南地区，占80%。

产品销售及增长情况：常温产品仍为主流，今年低温白奶增速仍在前列。根据综合得分来看，本次受访者的主销产品排名前四的是常温白奶、常温酸奶、低温酸奶和低温白奶；从增长情况来看，今年增速排名前四的品类分别为常温酸奶、低温白奶、常温白奶和低温酸奶，而小众品类奶酪的增速有所改观，已超越了乳饮料。

问题：

（1）某食品团队采用了怎样的调查方式，有什么利弊？

（2）根据以上调查结果，你对以上行业有哪些投资建议和风险提示？

实训题：关于当地中小学教师专业发展情况的调查

为了了解深圳教师专业发展的真实情况，以问卷的形式对当地多所中小学以无记名的方式进行调查。调查设计的问卷涵盖教师对其专业发展的自我评估，教师专业发展的自主状况，教师培训（继续教育）对其专业发展的影响，教师职业认同感等方面的问题。为保证调查的覆盖面和可信度，调查分析的全面性和科学性。调查对象选择中小学教师，采用了分层随机抽样的方法。再在每所学校内随机抽取1 020位教师；问卷采用匿名方式进行调查。请以学生小组的方式，选择调研方法、阐述这些调研方法有哪些利弊，以及调研的操作步骤。

思考题：

（1）什么是量化实验调查法？

（2）量化实验调查法的实验设计有哪些种类？

（3）量化实验设计的有效性如何评估？

（4）什么是访问调查法，包含哪些步骤？

（5）什么是网络调查法，如何实施？

（6）提高网络调查结果可靠性的措施有哪些？

（7）假设公司开发了一项新技术，试图检测该技术对产品销量的影响，请问，采用哪种调查法？

第五章　问卷设计

【学习目标】

◎理解市场调查问卷设计应遵循的原则

◎掌握市场调查问卷问句的设计方法

◎熟悉市场调查问卷量表的设计方法

◎了解市场调查问卷信度与效度的评价方法

引例：W数码科技公司市场调查

发展初期，W数码科技公司的主要竞争对手是Z企业网和S方法数码，其他竞争对手主要针对网站的特殊服务功能开展服务。在中小企业必将逐步建立独立域名网站的市场趋势下，W数码科技公司与行业中强大竞争对手和处于发展中的其他竞争对手竞争的同时，也存在以较低价格和保持同等质量下的，向这些中小企业提供互联网信息技术服务的机会。W数码科技公司的当务之急是做好市场调查，准确把握企业客户需求，有针对性地制订有竞争力的市场营销策略，在激烈的市场竞争中不断扩大自己的市场份额和增加企业盈利，从而实现公司总经理提出的力争公司在2008年度实现主营业务比2007年增长50%的经营目标。

策划小组根据产品的业务特征决定采用问卷调查法对企业网站建设业务进行需求调查，问卷设计了包括17大类30个问题的调查表。由于调查难度较大，以及公司的财力有限，仅对92家企业进行了问卷调查。剔除填写不完全或问题回答有矛盾的调查表，获得有效调查表87份。其中，55家（63.2%）是公司的网站客户，32家（36.8%）是尚未建设网站的潜在企业客户。

经过一系列的数据分析，W数码科技公司确定的目标市场，是具有调查数据所集中显示重点的、具有下列自然特征的企业。①人数在6~500人；②注册资本在50万~500万元；③年销售规模在5000万元以下；④行业为工业品、消费品、商业服务；⑤产品销售地区为本省、国内、国内及国外。其中，没有网站的企业将是W数码科技公司开拓新客户的重点，而其他则应通过提供超值服务来抓住和吸引重复购买的老客户。

按照目标市场的企业网站需求和购买行为特征，W数码科技公司拟向目标市场提供精美的美工设计、高效的搜索网站、及时的客户沟通的超值企业网站建设服务。高让渡价值的企业网站建设服务是一种能够使客户高度满意并逐渐形成忠诚顾客的服务方式。这种超值的高让渡价值，经过公司的努力是可行的、可达到的。这种高让渡价值对网站的美工设计、搜索网站、客户沟通提出了较高要求，如网站美工、图片处理、搜索网站的背景程序、沟通的时间的要求等，也对客户互联网知识的培训、员工销售培训、网站维护等提出了较高要求。要加强以客户对网站美工要求为基础的、超出这个要求的美工独特性设计、比其他竞争对手在更短的时间里通过百度、GOOGLE、一搜等著名搜索软件搜索到客户的公司名称、产品名称等关键词、定期了解客户发布公司信息、产品信息、客户与客户的客户通过网站沟通的问题并及时加以解决等。

思考：W数码科技公司的市场调查为该公司提供了哪些可用信息？

参考答案：目标市场和竞争者信息。

第一节　问卷设计概述

在市场调查活动中，调查目的是获取足够的信息资料。问卷设计是市场调查活动的一个重要环节，是问卷调查的关键，问卷质量直接决定市场调查活动能否获得准确、可靠的市场信息。为保证问卷的科学性和有效性，专业的问卷设计人员应遵循正确的设计原则和科学的设计程序进行设计。问卷设计能力是市场调查的基本能力。

市场调查问卷是市场调查的基本手段，不同类型的市场调查项目，虽然对问卷的要求差别很大，没有普遍适用于各种调查内容和调查方式的问卷模式，但问卷设计仍有一些基本原则可以遵循。

一、问卷设计含义

市场调查问卷又称调查表或询问表，是调查者根据调查目的和要求，按照一定的理论假设，以问题的形式系统记载调查内容，向被调查者收集所需资料和信息的载体。市场调查问卷是用于收集资料的一种普遍工具，广泛应用于统计学、经济学、管理学、心理学、社会学等学科领域。按照调查方法的不同，问卷可以分为面访问卷、电话访问问卷、邮寄问卷、电子邮件问卷、网页调查问卷等。

市场调查问卷设计是根据调查目的，将所需要调查的内容以具体的多个问句形式提出，使调查者能顺利地获取必要的信息资料，形成调查表的活动过程。由于市场调查问卷通常是靠被调查者通过问卷间接地向调查者提供资料，因此调查问卷的科学合理性，将直接影响问卷的回收率，影响资料的真实性。

二、问卷设计原则

成功的问卷设计应该具备两个功能：一是能将所要调查的问题明确传达给被调查者；二是设法使被调查者配合调查，以获得真实、准确的答案。但在实际调查中，被调查者的个性、教育水平、理解能力、职业、家庭背景、宗教信仰等都不同，同时调查者本身的专业知识与技能不同，这都会给调查带来困难，并影响调查结果。为了实现问卷设计的功能，问卷设计应遵循以下五大原则。

（一）目的性原则

设计市场调查问卷的目的是能够把所要调查询问的问题正确传达给被调查者。市场调查问卷中的每一个问题都必须和调查目的密切相关。这就要求在问卷设计时要重点突出，避免可有可无或被调查者无法回答或不愿回答的问题。

（二）可接受性原则

为了提高被调查者的配合度，调查者在设计市场调查问卷时，应在市场调查问卷说明词中，将调查目的明确告诉被调查者，让对方知道该项调查的意义和其的回答对整个调查结果的重要性，强调对被调查者所填问卷会保密。必要时可提供一些物质奖励，使被调查者自愿参与，认真填好问卷。

问卷回收率和问卷回收有效率是两个常用的统计问卷回收的指标。通常，问卷未按要求填答、问卷填答不完整、问卷填答不清楚等都可被确定为无效问卷。

问卷回收率是回收问卷份数与发放问卷份数之比，即：

问卷回收率 = 回收问卷份数 / 发放问卷份数 ×100%

问卷回收有效率是有效问卷份数与回收问卷份数之比，即：

问卷回收有效率 = 有效问卷份数 / 回收问卷份数 ×100%

（三）逻辑性原则

逻辑性原则是指在设计市场调查问卷时，要讲究市场调查问卷的排列顺序、条理性和内在逻辑合理，问卷设计要有整体感。问卷中的问题一般可以按照下列顺序排列。

1. 先易后难

容易回答的问题放在前面，慢慢引入比较难回答的问题。问题要一气呵成，注意问题前后顺序的连贯性，不要让被调查者的思路中断。容易回答的问题（如行为性问题）放在前面；较难回答的问题（如态度性问题）放在中间；敏感性问题（如动机性、涉及隐私等问题）放在后面；关于个人情况的事实性问题放在末尾。

2. 先封闭后开放

封闭性问题已经列出备选答案，较易回答，而开放性问题需要被调查者花费时间考虑，如果放在前面易使被调查者产生畏难情绪，放在后面有利于被调查者集中精力思考。

3. 按时间顺序排序

对于涉及时间顺序的问题，应按照时间序列依次排列，从远到近或从近到远，以免被调查者的记忆受到干扰。

（四）简明性原则

1. 调查内容要简明

无关紧要或没有价值的问题不要列入市场调查问卷，问题之间避免出现重复，力求以尽可能少的问题获取必要的、完整的信息资料。

2. 整个问卷不宜过长，调查时间要简短

调查内容过多，调查时间过长，都会招致被调查者的反感。根据经验，一般整个问卷调查时间应控制在20分钟以内。

（五）便于统计原则

市场调查问卷中所提的问题都应事先考虑到能对问题结果做适当分类和解释，被调查者的回答便于检查、数据统计和分析。

三、问卷结构

市场调查问卷因为调查形式与目的不同，在具体结构、措辞、题型、版式等设计上会有所不同，没有普遍适用的问卷结构。通常，一份完整的市场调查问卷包括标题、前言、正文、结尾等内容。

（一）标题

市场调查问卷的标题主要概括说明调查主题，使被调查者对所要回答哪些方面的问题有一个大致的了解。标题应简明扼要，易引起回答者的兴趣，一般不超过15个字。例如，"大学生创业状况调查""××企业顾客满意度调查"等。不要简单采用"问卷调查"这样的标题。标题中不要有敏感性词语或倾向性词语，用中性词语表达。

（二）前言

前言又称说明、卷首语等，是指写在问卷开头的一段话，是调查者向被调查者说明的调查目的、意义以及注意事项等。前言一般较为简短，主要包括问候语、调查者的身份、

调查目的与意义、匿名的保证、填写说明和对被调查者的感谢等内容，目的在于引起被调查者对填答问卷的重视和兴趣，以对调查活动给予支持与合作。有些问卷还有填表须知、交表时间、交表地点及其他事项说明等。前言一般不超过三百字。

（三）正文

正文是市场调查问卷的主体和核心部分，是市场调查问卷需要了解和掌握的主要信息资料。正文主要是以提问的形式提供给被调查者，这部分内容设计的好坏直接影响整个调查的价值。正文一般包括资料收集、被调查者的基本情况和编码。

1. 资料收集是问卷的主体

所有要调查的内容都要转化为精心设计的问题与选项。对这部分内容设计方法的探讨，是调查问卷设计的重点。

2. 被调查者的基本情况是正文的重要组成部分

被调查者的基本情况是指被调查者的一些主要特征，这部分内容往往是被调查者比较敏感不愿意回答的问题。例如，在消费者调查中，消费者的性别、年龄、家庭人口、文化程度、职业、收入等。在实际调查中，列入哪些项目，列入多少项目，根据调查目的与要求而定，不是越多越好。通过这些项目，调查者便于对调查资料进行统计分组、交叉分析。

3. 编码是将问卷中的调查项目变成数字的工作过程

在规模较大又需要计算机统计分析时，要求所有的资料数量化，问卷需要增加一项编码内容。在问卷主题内容的右边留统一的空白，顺序编上1、2、3……用以填写答案的代码。问卷有多少个答案，就要有多少个编码号。答案的代码经过研究核对后填写在编码号右边的横线上。

（四）结尾

问卷的结尾可以设置开放题，征询被调查者的意见或建议，或者是记录调查情况（调查者资料、调查时间、地点等），感谢语和其他补充说明的内容、问卷编号（编号也可以放在问卷前）等。

四、问卷设计程序

我们只有按照科学的程序才能设计出科学合理的市场调查问卷。在实际操作中，市场调查问卷设计的程序经常被忽略，导致市场调查问卷不合理，缺乏信度和效度。市场调查问卷设计大体分为准备阶段、初步设计阶段、非正式调查和修改阶段及定稿印刷阶段。

（一）准备阶段

我们在准备阶段首先要了解调查目的和要求。根据市场调查问卷需要确定调查主题的范围和调查项目，将所需问卷资料一一列出，分析哪些是主要资料，哪些是次要资料，哪些是调查的必备资料、哪些是可要可不要的资料，并分析哪些资料需要通过问卷来取得，需要向谁调查等，对必要资料加以收集。此外，要明确调查对象的类型，要分析调查对象的各种特征，即分析了解调查对象的行为规范、社会环境等社会特征；文化程度、知识水平、理解能力等文化特征；需求动机、行为等心理特征，以此作为拟定问卷的基础。在此阶段，我们应充分征求有关人员的意见，以了解问卷中可能出现的问题，力求使问卷切合实际，能够充分满足各方面分析研究的需要。准备阶段是整个问卷设计的基础，是问卷调查成功的前提条件。

（二）初步设计阶段

在准备工作的基础上，我们可以根据收集到的资料，按照设计原则设计问卷的大纲和初稿。主要是确定问卷的结构，拟定并编排问题，在初步设计中，首先要标明每项资料需要采用何种方式提问，并尽量详尽地列出各种问题。然后查看有无多余的问题，有无遗漏的问题，有无不适当的问题，对问题进行检查、筛选、更换、补充。对提出的每个问题，都要充分考虑是否有必要，能否得到答案，该答案到底说明了什么问题，拟得出什么结论。同时，要考虑问卷是否需要编码，或需要向被调查者说明调查目的、要求、基本注意事项等。这些都是设计问卷时十分重要的工作，必须精心研究，反复推敲。问卷草稿设计好后，问卷设计者应再做一些批评性评估。在问卷评估过程中，需要考虑：问题是否必要，问卷是否太长，问卷是否获得了调查所需的信息等。

（三）非正式调查和修改阶段

一般来说，所有设计出来的问卷都存在问题。要设计一份完美的问卷，不能闭门造车，而应事先做一些访问，将初步设计出来的问卷，在小范围内进行试验性调查。

首先，将问卷交委托方审核，听取他们的意见，以求全面表达委托人的调查意见；其次，可以让专家、学者、研究者的同行以及典型的被调查者等根据自己的经验和知识对问卷进行评价，以便弄清楚问卷存在的问题，了解被调查者是否乐意回答和能够回答所有的问题，寻找问卷中存在的有不同理解、不连贯的地方，为封闭式问题寻找额外的选项，问题的顺序是否符合逻辑，回答的时间是否过长等。非正式调查与正式调查的目的是不一样的，它并非要获得完整的问题答案，而是要求回答者对问卷各方面提出意见，以便修改。在非正式调查测试完成后，任何需要改变的地方都应当切实修改。如果预先调查测试导致问卷产生较大的改动，应进行第二次非正式调查。

（四）定稿印刷阶段

问卷的形式以及体裁的设计，与调查资料的收集成效有很大的关系。问卷的排版布局总的要求是整齐、美观，便于阅读、作答和统计。版面是一个问卷的外表，是给人留下良好印象的关键因素，排版应做到简洁、明快、便于阅读，装订应整齐、雅观、便于携带、保存。排版时要注意以下问题。

（1）卷面排版不能过紧、过密，字间距、行间距要适当。

（2）字体字号要有机组合，可适当通过变换字体字号来美化版面。

（3）在开放性问题下方一定要留足空间以供被调查者填写。

（4）注意细节问题，如错别字；一个题目应排版在同一页，不要跨页等。

排版后将定稿的问卷，按照调查工作需要打印复制，制成正式问卷。

第二节 问卷语句与量表设计

问卷调查是获得第一手资料最重要的途径和最基本的方法。调查问卷在整个调查活动中有重要地位，所设计的问卷质量是提高市场调查效果的关键因素。高质量的问卷能够使调查者准确全面地收集资料。而问题设计不当、结构不完整的问卷往往造成在撰写市场调查报告时发现所需要资料有遗漏和偏差，甚至导致调查失败。问卷语句和量表的设计质量决定调查问卷的设计质量。

一、问卷语句设计

市场调查问卷是由一系列问句组成的，问句是问卷的核心。掌握问句的类型和问句答案设计的基本方法是保证问卷质量的基础。

（一）市场调查问卷问句的主要类型

我们在进行市场调查问卷设计时，必须对问句的类别和提问方法仔细考虑。在设计问卷时，应对问题有较清楚的了解，并善于根据调查目的和具体情况选择适当的询问方式。

1. 直接性问题与间接性问题

按照提问的技巧和方法，市场调查问卷上的问题分为直接性问题与间接性问题。

（1）直接性问题是指在问卷中能够通过直接提问方式得到答案的问题。直接性问题通常给回答者一个明确的范围，大多问的是个人基本情况或意见。例如，"您的学历""您的职称""您最喜欢的手机是哪个品牌？"等，这些都可以从选项中获得明确的答案。这种提问对统计分析比较有利。

（2）间接性问题是指那些不宜于直接回答，而采用间接提问方式得到所需要答案的问题。间接性问题通常是被调查者因对所需要回答的问题产生顾虑，难以真实表达意见的问题。如果采用间接回答方式，使被调查者认为很多意见已被其他调查者提出来了，其所要做的只是对这些意见加以评价，这可使被调查者有可能对已得到的结论提出自己不带掩饰的意见。

例如，"您认为消费者的权利是否应该得到保障？"大多数人都会回答"是"或"不是"。而实际情况是很多人对消费者权利有着不同的看法。如果改为问：

关于消费者权利保障问题，有两种观点："A：有人认为消费者权利问题应该得到重视。""B：另一部分人认为消费者权利问题并不一定需要特别提出。"您认为哪个观点更为正确？

您对 A 种观点的意见是：①完全同意；②有保留的同意；③不同意。

您对 B 种观点的意见是：①完全同意；②有保留的同意；③不同意。

采用这种提问方式会比直接提问方式收集更多的信息。

2. 假设性问题与断定性问题

按照对被调查者的了解程度和问题的性质，调查问卷上的问题可以分为假设性问题与断定性问题。

（1）假设性问题是通过假设某一情景或现象存在而向被调查者提出的，调查者不能确定被调查者对问题的态度的问题。例如，"有人认为游戏对儿童负面影响太大，应该禁止，您的看法如何？""如果现有房价下降10%，您会马上购买房子吗？"这些都属于假设性问题。

（2）断定性问题是认为被调查者肯定有某种态度，只是需要了解具体细节的问题。例如，"您购买手机，会选择哪个品牌？""您购买小汽车时，会购买黑色的还是红色的？"

在市场调查问卷设计中，一般是先提问假设性问题，再提问断定性问题。如果先问断定性问题，而又断定错误，调查将难以继续下去。

3. 封闭性问题和开放性问题

按照是否在调查问卷上设定答案，调查问卷上的问题可以分为封闭性问题和开放性问题。

（1）封闭性问题。封闭性问题是指在每个问题后面给出若干选择答案，被调查者只能在这些被选答案中选择一个或几个答案的问题。由于答案标准化，封闭性问题不仅回答方便，而且易于进行统计处理和分析，也可以避免被调查者由于不理解题意而拒绝作答，可以提高问卷的回收率。

但缺点是被调查者只能在规定的范围内回答，无法反映其他可能存在的有目的的、真实的想法，具有一定程度的强制性。封闭性问题还可能产生"顺序偏差"或"位置偏差"，即被调查者选择的答案可能与该答案的排列顺序有关。研究表明，对于封闭性问题的答案，被调查者趋向于选择第一个或最后一个答案，特别是第一个答案。对一组数字（数量或价格），往往会取中间位置的。在大规模调查中，为了减少顺序偏差，可以准备几种形式的问卷，同时让每种形式的问卷答案排列的顺序都不同。

（2）开放性问题。开放性问题是指只提出问题不列出答案，由被调查者用自己的语言来回答的问题。开放性问题能使被调查者给出其对问题的一般性反应，提供大量丰富的信息，为封闭性问题提出额外的选项。但编辑和编码费时费力，结果难以统计分析。

开放性问题适合于答案复杂且数量较少或者各种可能答案还不清楚的问题，适用范围有限。在调查问卷中开放性问题不宜过多。

在实践中，为了弥补两种提问方式的缺点，人们常常将两者结合起来使用，称为混合型问题。设计方法是在一个问题中只给出一部分答案，让被调查者选择，而另一部分答案不给出，要求被调查者根据实际情况自由发挥。有时候，为了保证封闭性问题包括全部答案，可以在主要答案后面加上"其他"之类的选项，以作补充，避免强迫被调查者选择不真实的答案。

4. 事实性问题、行为性问题、动机性问题与态度性问题

按照调查问卷要收集资料的性质，调查问卷上的问题可以分为事实性问题、行为性问题、动机性问题与态度性问题。

（1）事实性问题要求被调查者回答一些曾经发生的事件、客观存在的事实以及实际的行为。事实性问题要清楚，使被调查者容易理解并回答。通常问卷上要求被调查者回答的个人资料问题，如职业、年龄、家庭状况、受教育程度等，均为事实性问题。对此类问题进行调查，可为分类统计和分析提供资料。例如，"您通常什么时间段看电视？""您一天最多喝几瓶饮料？"

（2）行为性问题用于对被调查者的行为特征进行调查。例如，"您今晚 7 点看电视了吗？""熄灯后您常使用手机吗？"

（3）动机性问题是为了了解被调查者行为的原因或动机的问题。例如，"您为什么每天晚上 7 点看电视？""您为什么熄灯后使用手机？"

（4）态度性问题是关于被调查者的态度、意见、评价等问题。例如，"您是否喜欢某电视节目？""您认为 CCTV-1 哪个时段的电视节目可视性最强？"

（二）市场调查问卷问句的答案设计

按照市场调查问卷上是否设定答案，市场调查问句分为封闭性问题和开放性问题。不同类型的问题答案设计方法有较大的区别。

1. 封闭性问题的答案设计

（1）两项选择法。在两项选择法下，提出的问题仅有两种答案可以选择，如"是"或"否"，"有"或"无"等。这两种答案是对立的、排斥的。例如，"您大学毕业后创业吗？"

两项选择法回答简单，易于理解，可迅速得到明确的答案，便于统计分析。但被调查者没有进一步阐述的机会，难以反映被调查者意见与程度的差别，了解的情况也不够深入。如果被调查者还没有考虑好这个问题，即处于"未定"状态，则无从表达意愿。这种方法，适用于互相排斥的两项择一式问题及询问较为简单的事实性问题。

（2）多项选择法。在多项选择法下，所提出的问题有三个及以上可供选择的答案，被调查者可任选其中的一个或几个答案。这个方法比两项选择法更灵活，答案有一定的范围，也比较便于统计处理。

多项选择法在调查问卷中最为常见。在设计时，需要注意：当所设计的答案不能表达被调查者的看法时，可在问题最后设"其他"选项；要考虑全部可能出现的结果，避免答案遗漏与重复；为使被调查者更易于理解和选择，答案个数最好不超过6个。

例如，您的手机在哪儿购买？（在您认为合适的□内画√）。

手机专营店□　家电卖场□　通信运营商卖场□　品牌专卖店□

网络商城□　其他（请注明）□

多项选择法设计一般包括三种具体类型：一是单项选择类型，要求被调查者在所给出的多项答案中只选择一项；二是多项选择类型，要求被调查者按照自己的实际情况选择合适的答案，数量不限；三是限制选择类型，要求被调查者在所给出的多项答案中，选择自己认为合适的答案，但数量受到一定的限制。

（3）顺位法。顺位法是列出问题的各种可能答案，由被调查者按重要性或喜欢程度决定先后顺序。顺位法主要有两种：一种是对全部答案排序；另一种是只对其中的某些答案排序。顺位法便于被调查者对其意见、动机、感觉等进行衡量和比较性的表达，也便于对调查结果加以统计。但调查项目不宜过多，过多则容易分散，很难顺位。这种方法适用于对要求答案有先后顺序的问题。

例如：您购买手机依次考虑的三个重要因素是（将答案1、2、3按重要顺序填在□中）。

价格实惠□　外形美观□　售后方便□　品牌□　拍照功能好□

通话效果好□　耗电量低□　其他（请注明）□

（4）比较法。比较法是指采用对比提问方式，要求被调查者对同一类型不同品种或品牌的多种商品，进行对比分析并做出肯定回答的方法。比较法适用于对质量和效用等问题作出评价。应用比较法要考虑被调查者对所要回答问题中的商品品牌等项目是否相当熟悉，否则将会导致空项发生。

例如,"请比较下列手机品牌,您认为哪个手机品牌的性价比更高?"(在下列四行您认为性价比更高的品牌□中画√)。

苹果□　　　华为□
360□　　　小米□
华为□　　　三星□
OPPO□　　　vivo□

(5)过滤法。过滤法又称"漏斗法",是指最初提出的问题比较广泛,再根据被调查者回答问题的情况,逐渐缩小提问范围,最后有目的地引向要调查的某个专题性问题的方法。

过滤法不是开门见山,单刀直入,而是采取投石问路的方法,一步一步地深入,最后引出被调查者对某个所要调查问题的真实想法。其通常用于了解被调查者对回答有顾虑或者一时难以直接表达的问题。

例如,某企业欲了解消费者对购买电视机是否影响孩子学习的意见。若一次性提问(非过滤式提问):"你不购买电视机是怕影响孩子的学习吗?"

上述问句会给被调查者一种很唐突的感觉,是不妥的提问法,因为不购买电视机往往是多种原因引起的,很难直接回答,可用如下过滤式问句提出问题。

"您对电视机印象如何?"

"您是否限制孩子看电视?"

"有人说看电视对孩子学习有影响,也有人认为看电视反而有好处,您如何看待这个问题?"

从上面的例句中,可以看到,通过调查者的逐步引导,被调查者有一个逐步考虑问题的过程,从而会自然真实地回答调查者的问题。

2. 开放性问题的答案设计

(1)自由回答法。在自由回答法下,调查者围绕调查主题提出开放性问题,被调查者可以自由发表意见,并没有已经拟定好的答案。

该方法的优点是涉及面广、灵活性大,被调查者可充分发表意见,可为调查者收集某种意料之外的资料。但由于被调查者提供答案的想法和角度不同,获取的资料较难整理,还可能因被调查者表达能力的差异形成调查偏差。这种方法适用于那些不能预期答案或不能限定答案范围的问题。例如,"您对华为手机的服务有哪些意见或建议?"

(2)词语联想法。词语联想法是将按照调查目的选择的一组字词展示给被调查者,要求他们立即回答所想到的是什么的方法。词语联想法是一种最大限度开发被调查者内心隐藏信息的资料收集方法，常用于比较、评价和测试品牌名称、品牌形象、广告用语、消费者动机和偏好等调查。

例如，说到"互联网"，你想到的是什么，挑选一个词（"新闻、娱乐、文学、免费、乱……"）或不给备选词。

（3）问句完成法。问句完成法是指给出一个不完整的句子，由被调查者补充完成的方法。问句完成法常用于调查消费者对某种事物的态度或感受。

例如，当您口渴时，您想喝_____。

二、问卷量表设计

量表就是通过一套事先拟定的用语、记号和数目，来测定人们心理活动的度量工具。例如，对于消费者对某品牌手机的喜欢程度（如"非常喜欢""喜欢""无所谓""不喜欢""非常不喜欢"），我们需要用量表来测量，把所要调查的定性资料定量化。在很多情况下，市场调查的目的是了解被调查者的态度或意见。正确使用测量技术，可以将不能通过直接询问或观察获得的态度问题，直接用数字表达出来，对市场调查活动起到重要的作用。

问卷和量表都可以用来收集资料，这两者之间有一些差异。问卷是以各题的选项来计次，所得的结果是各个选项的次数分配，属于离散变量。而量表是将各题的分数相加而得到的一个分数，所得的分数可以看作连续变量。数据分析时，问卷的描述统计分析工具主要有次数分配、百分比；推断统计分析工具有卡方检验。而量表的描述统计分析工具有平均数、标准差、相关分析；推断统计分析工具有 z 检验、t 检验、回归分析等。

量表的设计分为两步：一是设定规则，并根据规则为不同的态度特性分配不同的数字；二是将这些数字排列或组成一个序列，根据被调查者的不同态度，将其在这一序列上进行定位。例如，将对于某品牌手机的喜欢程度这一变量的取值用不同的数字来代表，"非常喜欢""喜欢""无所谓""不喜欢""非常不喜欢"分别用数字 1、2、3、4、5 来代表；然后根据被调查者回答"非常喜欢""喜欢""无所谓""不喜欢""非常不喜欢"填写问卷或调查表。

如果能调查得到被调查者的态度，就能对其行为进行预测。态度与行为之间存在密切的联系。研究发现：消费者的态度越积极，使用产品的可能性就越大；消费者的态度越消极，使用产品的可能性就越小；人们对一种产品的态度越是不赞成，他们停止使用该产品的可能性就越大；那些从未尝试使用某产品的人们的态度将在均值左右呈正态分布。

量表的种类较多，本书只介绍两种常用的量表：评价量表和李克特量表。

（一）评价量表

评价量表又称"评比量表"，是对提出的问题，以两种对立的态度为两端点，在两端点中间按程度顺序划分为若干阶段代表态度，由被调查者从中选择一种适合自己的态度表现。阶段可多可少，3个、5个、7个或7个以上，可以用文字或记分表示，也可以不表示出来。评价量表的中间点一般是中性答案，并且每个答案都指定一个分数。图5-1是3、5、7阶段的实例图。

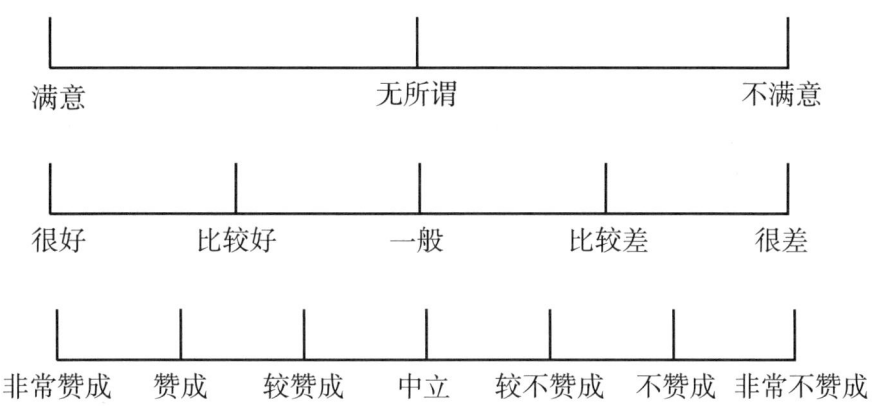

图 5-1　3、5、7阶段的评价量表实例图

评价量表的设计思路是人们对某种事物的态度是十分复杂的，但是肯定在两种极端态度之间。于是，以两种极端态度为极限，在中间划分若干等级，便可以确定人们态度的位置，从而将态度问题数量化。在编制评价量表时，应注意中间阶段划分不宜过细，否则会导致被调查者难以作出评价。

例如，某商场做促销活动时您，对该商场某特价商品只有5个的做法的感觉是（　　　），如图5-2所示。

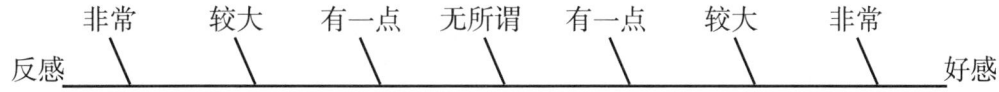

图 5-2　某促销活动评价量表实例图

此例中，反感与好感之间分为7个阶段，每一个阶段都被赋予了分值，中位数为0。

在使用评价量表时，可能产生三种误差。

（1）认知误差，即被调查者进行评价时，倾向于给予一个较高的评价。

（2）中间倾向误差，即有些被调查者不愿意给予很高或很低的评价，或对所调查问题不是很了解时，往往倾向于给予中间的评价。

（3）晕轮效应，即被调查者对所调查的问题有一个整体印象，可能导致评价时产生系统偏差。

(二)李克特量表

李克特量表是由美国社会心理学家李克特（Likert）于1932年提出的，由一系列能够表达对所调查的概念是肯定态度还是否定态度的陈述构成，要求被调查者表明对某一表述赞成或否定的程度。李克特量表是在问卷设计中运用十分广泛的一种量表。

制作李克特量表的基本步骤如下。

（1）收集大量（50～100）与测量的概念相关的陈述语句。

（2）根据测量的概念将每个测量的项目划分为"有利"或"不利"两类，一般测量的项目中有利的或不利的项目都应有一定的数量。

（3）选择部分被调查者对全部项目进行预先测试，要求被调查者指出每个项目是有利的或不利的，并在下面的方向——强度描述语中进行选择，一般采用所谓的"五点"量表，如 A. 非常同意；B. 同意；C. 无所谓（不确定）；D. 不同意；E. 非常不同意。

（4）对每个回答给一个分数，如从非常同意到非常不同意的有利项目分别为5分、4分、3分、2分、1分、对不利项目的分数就为1分、2分、3分、4分、5分。

（5）根据被调查者的各个项目的分数计算代数和，得到个人态度总分，并依据总分将被调查者划分为高分组和低分组。

（6）选出若干在高分组和低分组之间有较大区分能力的项目，构成一个李克特量表。例如，可以计算每个项目在高分组和低分组中的平均得分，选择那些在高分组平均得分较高并且在低分组平均得分较低的项目。

例如，某品牌空调的李克特量表调查表，如表5-1所示。

表5-1 某品牌空调的李克特量表调查表

	完全同意5分	同意4分	无所谓3分	不同意2分	完全不同意1分
外观设计美观					
智能程度高					
节能					
制冷效果好					
噪声低					

李克特量表的设计比较简单而且易于操作，因此在市场营销研究实务中应用广泛。在实地调查时，调查者通常为被调查者提供一张"回答范围"卡，请其从中挑选一个答案。需要指出的是，目前在商业调查中很少按照上面给出的步骤来制作李克特量表，通常由客户项目经理和研究人员共同研究确定。

李克特量表容易设计；在通常情况下，李克特量表比同样长度的量表具有更高的信度；五种答案形式使回答者能够方便标出自己的位置；可以进行信度和效度分析，对问卷质量进行评价。

三、问卷设计的注意事项

市场调查问卷设计是市场调查的重要一环。要得到有益的信息，需要提问确切的问题。调查者可以通过提问来确定一个问题的价值：你将如何使用调查结果？这样可避免把时间浪费在无用或不恰当的问题上。要使设计的市场调查问卷科学合理，需要注意很多问题。

（一）问题答案遵循互斥性原则和完备性原则

互斥性原则是指同一问题若干答案之间的关系是相互排斥的，不能有重叠、交叉、包含等关系。完备性原则是指所排列的答案应包括问题的全部表现，不能有遗漏。许多问题都难以实现完备性，通常把主要答案排列出来，供大多数被调查者选择，在最后把"其他"作为一个备选答案，由"其他"来包括主要答案中没有列出的情况。

互斥性原则和完备性原则是相互联系、缺一不可的。互斥性原则保证了答案之间的不重复，完备性原则保证了答案的不遗漏，只有同时遵守这两项原则，答案的设计才能科学合理。

（二）避免用不确切的词

在市场调查问卷设计中，避免使用形容词、副词，特别是描述时间、频率、价格等时，如"有时""经常""很少""美丽"等。更不可以用模棱两可的词语，否则会造成被调查者的理解偏差，使调查结果不准确。设计市场调查问卷时，要使用具体、准确的词语。

例如，"你是否经常购买矿泉水？"不同的被调查者对"经常"到底是多长时间的理解往往不一致。这些词应用定量描述代替，改问："你上周共购买了几瓶矿泉水？"备选答案：A. 0瓶 B. 1~3瓶 C. 4~6瓶 D. 6瓶以上。

（三）尽量不用否定形式提问

否定句式有一种加强的语气，会影响被调查者的思维，不利于其对问题的正确理解，容易得到相反意愿的回答或选择。研究表明，人们在快速阅读时容易忽略否定词。这样调查的结果会和调查者的初衷相悖。

例如，"你不认为共享单车将成为城市除市政公共交通外的最重要交通工具吗？"被调查者很可能把"不"看漏，给出相反的答案。

（四）避免提出引导性问题

在设计市场调查问卷时，不可以从自己的好恶出发，问题不应带有诱导性和倾向性，要客观、中立。如果调查者暗示其观点和见解，力求使被调查者跟着这种倾向回答，这种提问就是"引导性提问"。例如，"消费者普遍认为××牌的手机好，您的印象如何？"这个问题暗含了××牌手机好，对被调查者造成了引导。

引导性提问会导致两个不良后果：一是被调查者不假思考就同意问题中暗示的结论；二是由于引导性提问大多是引用权威或大多数人的态度，被调查者会产生心理上的顺向反应。这种提问是调查的大忌，常常会引出和事实相反的结论。

（五）避免提出过于笼统和过于专业化的问题

过于笼统的问题对实际调查工作并无指导意义。例如，"您对某家电卖场的印象如何？"这样的问题过于笼统，很难准确回答。可具体提问"您认为某家电卖场商品品种是否齐全、服务态度怎样、价格是否实惠？"等。

过于专业化的问题会导致被调查者难以理解。例如，"您认为植入性广告的效果如何？"不了解植入性广告含义的被调查者将难以作答。

（六）问句要具体，避免双主题

一个问句最好只问一个方面的问题，如果包含两个或两个以上的询问内容，会使被调查者无从答起，给统计处理也带来困难。

例如，"您为何不喝矿泉水而喝可乐？"这个问题包含了"您为何不喝矿泉水？""您为何要喝可乐？"两个问题。防止出现此类问题的办法是分离语句中的提问部分，使得一个语句只包含一个要点。

（七）注意"分块"设计

如果市场调查问卷涉及的内容比较广泛，我们可以按问题的性质将同一类问题放在一起称为"一块"，给每一块加一个标题。保证每个"分块"问题相对独立，这使整个问卷更加有条理，也便于后继阶段的数据整理与统计。

例如，对小微企业科技工作者状况进行调查，可以把问卷分为几块：科技工作者的基本情况；科技工作者的工作状况；科技工作者的生活状况；科技工作者的流动状况；等等。

（八）要考虑被调查者的心理因素

在设计问卷时，除了要考虑被调查者回答问卷的能力外，还要考虑被调查者的心理因素，避免提出令被调查者难堪、敏感、禁忌的问题。被调查者接受调查时都会有防御心理，如果有些问题非问不可，也不能只顾自己的需要、穷追不舍，应考虑被调查者的自尊心。

例如，"您是否购买了房产？购买了几套房产？"等。又如，直接询问女士年龄也是不太礼貌的，可列出年龄段：20岁以下；20～30岁；31～40岁；40岁以上，由被调查者挑选。调查收入状况也可以列出收入段。

为避免在一开始就让被调查者觉得难以接受从而影响答案的准确性，性别、年龄、受教育程度、职业等问题可以放在最后。

第六章 抽样方法与样本量

【学习目标】

◎了解样本的概念和取样的原因

◎熟悉等概率抽样的方法、每种方法如何使用

◎熟悉非等概率抽样的方法、每种方法如何使用

◎了解样本量的明确方法。

引例：纺织厂的颜色选择调查

纺织企业家乔曼在20世纪七八十年代接管了一家纺织厂。在改造工厂并即将投产时，他面临了一个严峻的挑战：政府部门通知他必须减少两个染缸中的一个，因为排水系统无法承受两个染缸的负荷。这对他来说是一场灾难，因为缺少一个染缸就意味着无法生产多种颜色的布料，可能失去大量订单。

为了应对这一挑战，乔曼决定采用面谈访问的方式来了解顾客对改变颜色的看法，并希望通过当面的解释使已订货的顾客接受现实。在这一过程中，样本选择起到了至关重要的作用。他没有盲目地选择所有顾客进行调查，而是有针对性地选择了已订货的顾客和潜在顾客作为样本。

通过有效的面谈访问，乔曼不仅成功地说服了已订货的顾客接受改变颜色的现实，并改选了其他颜色，还意外地发现更多的顾客也愿意接受工厂能够生产的颜色。这一结果不仅帮助纺织厂保留了订单，还由于只设一个染缸而大大降低了生产成本。

思考：

如果你是乔曼，你会采取哪些方式选择你的样本，并确保它们是有效的？

参考答案：

（1）目标市场界定：首先明确目标市场，即现有客户和潜在客户。这个市场细分有助于更精确地选择样本。

（2）样本大小确定：根据预算、时间和精确度要求，合理确定样本大小。样本大小应足够大以反映总体特征，但又不宜过大以免造成资源浪费。

（3）抽样方法选择：可能采用了随机抽样、分层抽样等方法。随机抽样可以确保每个个体被选中的概率相等，提高样本的代表性；分层抽样则可以根据年龄、性别、地域等特征进行分层，然后在每个层次内进行随机抽样，以进一步提高样本的精确性。

（4）数据收集与分析：通过问卷调查、访谈等方式收集数据，并运用统计方法进行数据分析，以得出科学的结论。

第一节　等概率抽样

样本是观测或调查的一部分个体，总体是研究对象的全部。总体中抽取的所要考查的元素总称，样本中个体的多少叫样本容量。一般地，样本的内容是带着单位的。例如：调查某中学 300 名中学生的视力情况中，样本是 300 名中学生的视力情况，而样本容量则为 300。选取样本的过程叫作抽样，根据不同的对象，抽样方法也有所不同。

抽样的原因如下：①由于调查成本和时间的限制，样本比总体更可取。消费者人口可能达到数百万，对总体进行调查的成本很高，耗时很长。②面对总体庞大的数据，常规咨询公司或调研员难以快速分析。尽管计算机统计程序可以轻松处理数以万计的观测值，但它们的速度明显减慢。

等概率抽样方法有四种：简单随机抽样、等距抽样、聚类取样和分层抽样。

一、简单随机抽样

（一）概念

简单随机抽样是指从总体 N 个单位中任意抽取 n 个单位作为样本，使每个可能的样本被抽中的概率相等的一种抽样方式。简单随机样本概率公式为：

选择概率 = 样本量 / 总体量

如从 100 000 名某米手机购买者中，抽取 1 000 名样本，则选择任何单个人员进入该样本的概率是 1 000 除以 100 000，即 1%。目前，调研员使用来自计算机的随机数、随机数字拨号或其他一些随机选择程序，保证每个成员都有相同的概率被选入样本中。

（二）缺点

（1）事先要把研究对象编号，比较费时、费力。

（2）总体分布较为分散，会使抽取的样本的分布也比较分散，给研究带来困难。

（3）当样本容量较小时，可能发生偏向，影响样本的代表性。

（4）当已知研究对象的某种特征将直接影响研究结果时，要想对其加以控制，就不能采用简单随机取样法。

（三）简单随机抽样的方法

简单随机抽样最基本的抽样方法，分为重复抽样和不重复抽样。在重复抽样中，每次抽中的单位仍放回总体，样本中的单位可能不止一次被抽中。在不重复抽样中，抽中的单位不再放回总体，样本中的单位只能抽中一次。社会调查采用不重复抽样。简单随机抽样的具体方法如下。

1. 直接抽选法

直接抽选法，即从总体中直接随机抽选样本。例如，从货架商品中随机抽取若干商品进行检验；从农贸市场摊位中随意选择若干摊位进行调查或访问等。

2. 抽签法

先将总体中的所有个体编号（号码可以从 1 到 N），并把号码写在形状、大小相同的号签上，号签可以用小球、卡片、纸条等制作，然后将这些号签放在同一个箱子里，进行均匀搅拌。抽签时，每次从中抽出 1 个号签，连续抽取 10 次，就得到一个容量为 10 的样本，对个体编号时，也可以利用已有的编号，如从全班学生中抽取样本时，可以利用学生的学号、座位号等。抽签法简便易行，当总体的个体数不多时，适宜采用这种方法。

3. 随机数表法

随机数表法，即利用随机数表作为工具进行抽样。随机数表又称乱数表，是将 0 至 9 的 10 个数字随机排列成表，以备查用。其特点是，无论横行、竖行或隔行读均无规律。因此，利用此表进行抽样，可保证随机原则的实现，并简化抽样工作。其步骤：①确定总体范围，并编排单位号码；②确定样本容量；③抽选样本单位，即从随机数表中任一数码始，按一定的顺序（上下左右均可）或间隔读数，选取编号范围内的数码，超出范围的数码不选，重复的数码不再选，直至达到预定的样本容量为止；④排列中选数码，并列出相应单位名称。

举例说明如何用随机数表来抽取样本。当随机地选定开始读数的数字后，读数的方向可以向右，也可以向左、向上、向下。在上面每两位、每两位地读数的过程中，得到一串两位数字号码，在去掉其中不合要求和与前面重复的号码后，其中依次出现的号码可以看成是依次从总体中抽取的各个个体的号码。由于随机数表中每个位置上出现哪一个数字是等概率的，每次读到哪一个两位数字号码，即从总体中抽到哪一个个体的号码也是等概率的。因此，利用随机数表抽取样本保证了各个个体被抽取的概率相等。

二、等距抽样

(一) 概念

先将总体的全部单元按照一定顺序排列，采用简单随机抽样方法抽取第一个样本单元（或称为随机起点），再顺序抽取其余的样本单元，这类抽样方法被称为等距抽样。等距抽样又称为机械抽样、系统抽样。等距抽样往往不能给出估计量的估计方差。

等距抽样的基本做法是，将总体中的各单元先按一定的顺序排列、编号，然后确定一个间隔，并在此间隔基础上选择被调查的单位个体。

样本距离可通过下面公式确定：样本距离 = 总体单位数 / 样本单位数。

例如，使用本地电话本并确定样本距离为100，那么100个中取1个组成样本。这个公式保证了整个列表的完整性。

等距抽样方式随意用一个起点。例如，如果把一本电话本作为抽样框，必须随意取出一个号码决定从该页开始翻阅。假设从第5页开始，在该页上再另选一个号码决定从该行开始。假定从第3行开始，这就决定了开始的位置。

(二) 优缺点

等距抽样相对于简单随机抽样最主要的优点就是经济性。等距抽样比简单随机抽样更为简单，花的时间更少，并且成本也少。使用等距抽样最大的缺点在于总体单位的排列上。一些总体单位数可能包含隐蔽的形态或者是"不合格样本"，调查者可能疏忽，把它们抽选为样本。由此可见，只有抽样者对总体结构有一定了解，充分利用已有信息对总体单位进行排队后再抽样，才能提高抽样效率。

(三) 等距抽样方法

当总体单位顺序排列之后，可选用下列方法进行等距抽样。

1. 随机起点等距抽样

随机起点等距抽样，即在总体分成 K 段（$K=N/n$）的前提下，首先从第一段的1至 k 号总体单位中随机抽选一个样本单位，然后每隔 k 个单位抽取一个样本单位，直到抽足 n 个单位为止。这 n 个单位就构成了一个随机起点的等距样本。这种方法能够保证各个总体单位具有相同的被抽到概率，但是，如果随机起点单位处于每一段的低端或高端，就会导致往后的单位都会处于相应段的低端或高端，从而使抽样出现偏低或偏高的系统误差。

2. 半距起点等距随机抽样

半距起点等距随机抽样又称为中点法抽取样本，它是在总体的第一段，取1, 2, …, k 号中的中间项为起点，然后再每隔 k 个单位抽取一个样本单位，直到抽足 n 个样本单位为止。当总体是按有关标志的大小顺序排列时，采用中点法抽取样本，可提高整个样本对总体的代表性。

3. 随机起点对称等距抽样

随机起点对称等距抽样是在总体第一段随机抽取第 i 个单位，而在第二段抽取第 $2k-f+1$ 的单位，在第三段抽取第 $2k+f$ 的单位，而在第四段抽取第 $4k-f+1$ 的单位……以此交替对称进行。可概括为：在总体奇数段抽取第 $jk+i$ 单位（$j=0，2，4，…$）；在总体偶数段抽取第 $jk-i+1$ 单位（$j=2，4，…$）。这种抽样方法能使处于低端的样本单位与另一段处于高端的样本单位相互搭配，从而抵消或避免抽样中的系统误差。

4. 循环等距抽样

当 N 为有限总体而且不能被 n 所整除，即 k 不是一个整数时，可将总体各单位按顺序排成首尾相接的循环圆形，用 N/n 确定抽样间隔 k，k 可以取最接近的整数，然后在第一段的 1 之后号码中抽取一个作为随机起点，再每隔后个单位抽取一个样本单位，直至抽满为止。

三、聚类取样

（一）概念

聚类取样又称整群抽样，是将总体中各单位归并成若干个互不交叉、互不重复的集合，称为群；然后以群为抽样单位抽取样本的一种抽样方式。应用整群抽样时，要求各群有较好的代表性，即群内各单位的差异要大，群间差异要小。

（二）优缺点

优点：整群抽样的优点是实施方便、节省经费。

缺点：由不同群之间的差异较大引起的抽样误差往往大于简单随机抽样，且样本分布面不广、样本对总体的代表性相对较差。

（三）实施步骤

先将总体分为 i 个群，然后从 i 个群中随机抽取若干个群，对这些群内所有个体或单元均进行调查。抽样过程可分为以下几个步骤。

（1）确定分群的标准。

（2）总体（N）分成若干个互不重叠的部分，每个部分为一个群。

（3）根据各样本量，确定应该抽取的群数。

（4）采用简单随机抽样或系统抽样方法，从 i 群中抽取确定的群数。

例如，调查中学生患近视眼的情况，抽某一个班做统计；进行产品检验，每隔 8 小时抽 1 小时生产的全部产品进行检验等。

四、分层抽样

（一）概念

分层抽样法也叫类型抽样法，它是从一个可以分成不同子总体（或称为层）的总体中，按规定的比例从不同层中随机抽取样品（个体）的方法。这种方法的优点是，样本的代表性比较好，抽样误差比较小。缺点是抽样手续较简单随机抽样还要繁杂些。定量调查中的分层抽样是一种卓越的概率抽样方式，在调查中经常被使用。

分层抽样的具体程序：把总体各单位分成两个或两个以上的相互独立的完全的组（如男性和女性），从两个或两个以上的组中进行简单随机抽样，样本相互独立。总体各单位按主要标志加以分组，分组的标志与关心的总体特征相关。例如，有关啤酒品牌知名度方面的调查，初步判断，在啤酒方面男性的知识与女性的不同，那么性别应是划分层次的适当标准。如果不以这种方式进行分层抽样，分层抽样就得不到什么效果，花再多时间、精力和物资也是白费。

（二）样本数确定方法

各层样本数的确定方法有 3 种。

1. 分层定比

分层定比，即各层样本数与该层总体数的比值相等。例如，样本大小 $n=50$，总体 $N=500$，则 $n/N=0.1$ 即为样本比例，每层均按这个比例确定该层样本数。

2. 奈曼法

奈曼法，即各层应抽样本数与该层总体数及其标准差的积成正比。

3. 非比例分配法

当某个层次包含的个案数在总体中所占比例太小时，为使该层的特征在样本中得到足够的反映，可人为地适当增加该层样本数在总体样本中的比例。但这样做会提升推论的复杂性。

（三）实施步骤

在调查实践中，为提高分层样本的精确度实际上要付出一些代价。通常，现实中正确的分层抽样一般有三个步骤。

首先，辨明突出的（重要的）人口统计特征和分类特征，这些特征与所研究的行为相关。例如，研究某种产品的消费率时，按常理认为男性和女性有不同的平均消费比率。为了把性别作为有意义的分层标志，调查者肯定能够拿出资料证明男性与女性的消费水平明显不同。用这种方式可识别出各种不同的显著特征。调查表明，一般来说，识别出6个重要的显著特征后，再增加显著特征的辨别对于提高样本代表性就没有多大帮助了。其次，确定在每个层次上总体的比例（如果性别已被确定为一个显著的特征，那么总体中男性占多少比例，女性占多少比例）。利用这个比例，可计算出样本中每组（层）应调查的人数。最后，调查者必须从每层中抽取独立简单随机样本。

整群抽样方法的运用，需要与分层抽样方法区别。当某个总体是由若干个有着自然界限和区分的子群（或类别、层次）所组成，同时不同子群相互之间差很大，而每个子群内部的差异不大时，则适合采用分层抽样的方法；反之，当不同子群之间差异不大，而每个子群内部的异质性比较大时，则适合采用整群抽样的方法。

第二节 非等概率抽样方法

非等概率抽样方法不是基于机会或随机性，而是基于固有的偏差选择过程，通常是为了降低抽样成本。但代价是难以真正代表总体。本节介绍四种非等概率抽样方法：配额抽样、方便抽样、立意抽样和滚雪球抽样。

一、配额抽样

（一）概念

配额抽样也称"定额抽样"，是指调查人员将调查总体样本按一定标准分类或分层，确定各类（层）单位的样本数额，在配额内任意抽选样本的抽样方式。

配额抽样和分层抽样既有相似之处，也有很大区别。配额抽样和分层抽样有相似的地方，都是事先对总体中所有单位按其属性、特征分类，这些属性、特征我们称为"控制特性"，如市场调查中消费者的性别、年龄、收入、职业、文化程度等。然后，按各个控制特性，分配样本数额。但它与分层抽样又有区别，分层抽样是按随机原则在层内抽选样本，而配额抽样则是由调查人员在配额内主观判断选定样本。

（二）种类

配额抽样有两种：独立控制配额抽样和相互控制配额抽样。

1. 独立控制配额抽样

独立控制配额抽样是指调查人员只对样本独立规定一种特征（或一种控制特性）下的样本数额。独立控制配额抽样是根据调查总体的不同特性，对具有某个特性的调查样本分别规定单独分配数额，而不规定必须同时具有两种或两种以上特性的样本数额。因此，调查人员就有比较大的自由去选择总体中的样本。

如在消费者需求调查中，我们按年龄特征，分别规定不同年龄段的样本数目，就属于独立控制配额抽样。人们通常把消费者的年龄、性别、收入分别进行配额抽样，而不考虑三个控制特性的交叉关系。

2. 相互控制配额抽样

相互控制配额抽样是指在按各类控制特性独立分配样本数额基础上，再采用交叉控制安排样本的具体数额的抽样方式。相互控制配额抽样对每一个控制特性所需分配的样本数都做了具体规定，调查人员必须按规定在总体中抽取调查单位，各个特性都同时得到了控制，从而克服了独立控制配额抽样的缺点，提高了样本的代表性。

（三）优缺点

1. 优点

配额抽样适用于设计调查者对总体的有关特征具有一定的了解而样本数较多的情况下，实际上，配额抽样属于先"分层"（事先确定每层的样本量）再"判断"（在每层中以判断抽样的方法选取抽样个体）；费用不高，易于实施，能满足总体比例的要求。

配额抽样与分层抽样相似，也是按调查对象的某种属性或特征将总体中所有个体分成若干类或层。但不同的是，分层抽样中各层的子样本是随机抽取的，完全排除主观因素，客观地、等概率地在各层中进行抽样；而配额抽样中各层的子样本是非随机抽取的，在每个组中，个体的选择由研究者来决定，注重的是样本和总体在结构比例上表面的一致性。

2. 缺点

容易掩盖不可忽略的偏差。配额抽样的被访者不是按随机原则抽出来的，而分层抽样必须遵守随机原则。

二、方便抽样

（一）概念

方便抽样又称随意抽样、偶遇抽样，是一种为配合研究主题而由调查者于特定的时间和特定社区的某一位置上，随意选择回答者的非概率抽样方法。这种抽样方法适合于对一些特殊情况的调查，像一些时过境迁的突发性事件或现象（违章驾车、骚乱、聚众闹事等等）。通过在当场抽取样本询问当事者、目击者、旁观者以及过往的行人，可以了解事件发生的经过、原因以及对事件的看法和态度。

（二）优缺点

优点：容易实施，调查的成本低。

缺点：样本单位的确定带有随意性，样本无法代表有明确定义的总体，调查结果不宜推断总体。

（三）应用和意义

为了提高方便抽样的准确率，通常应选择活动较频繁、结构较完整的社区抽样。如果选择的"代表区"很完善（所要抽取的人都可能在特定时间和特定的位置上出现），其效果近乎随机抽样。

方便抽样的最大特点是容易实施，调查成本低，因此方便样本无法代表有明确定义的总体，将总体样本的调查结果推广到总体没有任何意义。因此，如果研究的目的是对总体的相关参数进行推断，使用方便抽样不合适。但在科学研究中，使用方便样本可以产生一些想法以及对研究内容的初步认识，或建立假设。

三、立意抽样

（一）概念

立意抽样，又称定标抽样、判断抽样，是指调查人员不必像在定额抽样中那样从各种人层中填一个定额，但也不必像在方便抽样中那样随便选择一个附近的热心团体，而是依靠自己对所要选择的回答者的判断，只选择那些最适合该项研究目的回答者的抽样方法。

（二）优缺点

1. 优点

（1）立意抽样法具有简便易行，符合调查目的和特殊需要，可以充分利用调查样本的已知资料，被调查者配合较好，资料回收率高等优点。

（2）研究人员可应用其研究技能和已有知识去选择回答者。例如，可找"平均美国家庭主妇，或全美国的男孩"。一个按立意抽样处理大选预测的共同技巧：找出平均的或最小公分母的选区，如一个多年来一直是大多数投获胜总统票的选区。另一技巧：不找平均的回答者，而找异常的个案，目的是仔细研究什么使他们发生偏离。

2. 缺点

立意抽样结果受研究人员的倾向性影响大,一旦主观判断偏差,则很容易引起抽样偏差;不能直接对调查总体进行推断。基于这种情况,要充分发挥立意抽样的积极作用,对总体的基本特征必须相当清楚,做到心中有数。这样,才可能使所选定的样本具有代表性、典型性,从而才可能透过对所选样本的调查研究,了解、掌握整个总体的情况。

(三)抽样方法

立意抽样常采取以下三种方式:

(1)根据调查者的方便选择调查单位。

(2)从有关专家判断后的样本中抽选。

(3)调查者从分配给自己的一定数量的调查单位中,主观地抽取其中若干调查单位实施调查。

在立意抽样中,比较常用的是第三种,即配额抽样法。由于人们看待事物的角度、能力不同,认识水平又各异,按照上述方法进行抽样调查,难免有偏颇之处。以运用第二种方法为例,如果专家不以"平均型"或"多数型"的样本作为调查对象,而抽取了比较极端的调查单位,就容易造成很大的误差,也就失去了代表性。因此,在使用立意抽样方法时,要广泛征求有关人员的意见,切忌主观行事。

四、滚雪球抽样

(一)概念

滚雪球又称裙带抽样、推荐抽样,是一种在稀疏总体中寻找受访者的抽样方法。稀疏总体是指单位数极小并且分布很不集中的总体,如参加过某次会议的人员、从事某一专业的人员、某个少数民族的人员等。这类人员可能在一个城市中仅占万分之一,而且没有一个明确的抽样框可以帮助调查人员寻找他们,如果采用通常的抽样方法进行筛选,则每找到一名受访者所需要筛选掉的人将达到上万人,这在现实中是很不划算的。

滚雪球抽样以若干个具有所需特征的人为最初的调查对象,然后依靠他们提供认识的合格的调查对象,再由这些人提供第三批调查对象,依此类推,样本如同滚雪球般由小变大。滚雪球抽样多用于总体单位的信息不足或观察性研究的情况。这种抽样中有些分子最后仍无法找到,有些分子被提供者漏而不提,两者都可能造成误差。第一批调查对象是采用概率抽样得来的,之后的调查对象都属于非概率抽样,此类调查对象彼此之间较为相似。例如:中国的小轿车车主等。

（二）优缺点

1. 优点

可以根据某些样本特征对样本进行控制，适用寻找一些在总体中十分稀少的人物，这样可以大大提高接触调查群体的可能性，经费相对较低，可行性较强。然而这种成本的节约是以调查质量的降低为代价的。整个样本很可能出现偏差，因为那些个体的名单来源于那些最初调查过的人，而他们之间可能十分相似，所以样本可能不能很好地代表整个总体。另外，如果被调查者不愿意提供人员来接受调查，那么这种方法就会受阻。

2. 缺点

如果总体不大，有时用不了几次就会接近饱和状况，即后来访问的人再介绍的都是已经访问过的人。但是很可能最后仍有许多个体无法找到，还有些个体因某些原因被提供者故意漏掉不提，这两者都可能具有某些值得注意的性质，因而可能产生偏误，不能保证代表性。滚雪球抽样是在特定总体的成员难以找到时最适合的一种抽样方法。譬如对获得无家可归者、流动劳工及非法移民等的样本就十分适用。

滚雪球抽样最大的缺点在于，调查的对象局限于想法属性相近的一群人，这会造成代表性严重不足的问题。因为通过彼此引荐的结果，往往会找出一群看法相似的人，这群人往往只是研究者想要研究的次团体中的一个小圈圈而已，而且这些人受访的动机，往往来自人情压力，这些都可能是造成选择性偏误的原因。

（三）方法

在滚雪球抽样中，先选择一组调查对象，通常是随机选取。访问这些调查对象之后，再请他们提供另外一些属于所研究的目标总体的调查对象，根据所提供的线索，选择此后的调查对象。这一过程会继续下去，形成滚雪球的效果。尽管最初选择调查对象时采用的是随机抽样，但是最后的样本都是非概率样本，被推荐或安排的调查对象比随机抽取的调查对象将在人口和心理特征方面更类似于推荐他们的那些人。

滚雪球抽样主要是用于估计十分稀有的人物特征。滚雪球抽样的主要优点是可以大大地提高接触总体中所需群体的可能性。

第三节 样本容量的确定

统计学把调查对象的总和称为调查总体，组成总体的每个个体称为元素，其中一部分有代表性的个体称为样本。样本是总体的缩影，只有抽取出来的样本能够代表总体，才能比较准确地用调查的结果来推断总体。样本的代表性取决于多个因素，其中样本容量，是最重要的一个影响因素。

非随机抽样样本容量的确定比较简单。因为没有办法估计抽样误差，也没有办法估计调查结果的准确性，所以在采用非随机样本时，样本容量的大小并没有一个确定的标准。在实际工作中常用的方法，要么是把非随机样本当作随机样本来对待，按照随机抽样的方法计算样本容量；要么是根据研究预算和抽样成本大概确定一个抽样数目。

随机抽样样本容量的确定则比较复杂，需要根据调查的目的、调查总体的大小、调查总体的构成和抽样方法来确定。本节虽然名为"样本容量的确定"，其实是随机抽样样本容量的确定。不过，当我们把非随机样本当作随机样本来对待，按照随机抽样的方法计算非随机抽样的样本容量时，这里所讲的方法也可以用来帮助非随机抽样确定样本容量。

一、样本容量确定的统计学原理

（一）抽样分布

抽样分布是指从一个单位数目为 N 的总体中可能抽出的容量为 n 的所有样本的统计值的概率分布。这里，先要对"可能抽出的容量为 n 的所有样本"加以说明。例如，现有单位数目为 5 的一个总体，我们欲从其中抽出 2 个单位作为样本，那么可能抽出的样本是什么呢？

有三种不同的抽样方法：第一种是重复抽样，即 1 个单位被抽中后放回，作为总体中的一个元素可以再次被抽取；第二种是考虑先后顺序的不重复抽样，即不重复但顺序不同被视为不同的样本；第三种是不考虑先后顺序的不重复抽样，即不重复且顺序不同被视为相同的样本。假设总体中的元素分别是 A、B、C、D 和 E，那么用三种方法可能抽出的样本，如表 6-1 所示。

表 6-1 可能抽出的样本

元素	重复抽样	不重复抽样	
		考虑顺序	不考虑顺序
A	AA AB AC AD AE	AB AC AD AE	AB AC AD AE BC BD BE
B	BA BB BC BD BE	BA BC BD BE	

续表

元素	重复抽样	不重复抽样	
		考虑顺序	不考虑顺序
C	CA CB CC CD CE	CA CB CD CE	CD CE
D	DA DB DC DD DE	DA DB DC DE	DE
E	EA EB EC ED EE	EA EB EC ED	
合计	25	20	10
公式	N^n	$A_N^n = \dfrac{N!}{(N-n)!}$	$C_N^n = \dfrac{N!}{(N-n)!n!}$

如果采用不重复抽样,并且不考虑抽样的顺序,那么从单位数目为 5 的总体中可能抽出的容量为 2 的不同样本共有 10 个。从一个总体中可能抽出样本的数目,实际上就是样本可能的组合数。样本组合数随着总体的增大而增加,随着样本容量的增加而增加,到了一定点后又减少。若总体为 1 250,样本容量为 50,则样本的组合数约为 2×10^{91}。

市场调查与预测中的一项重要任务,是计算样本的相关统计值,如样本平均值和百分比,并且用它们来估计相应的总体数值。这个将样本结果推广到总体结果的过程,被称为统计推断。

假设要从单位数目为 1 250 的总体中抽取 50 个单位作为样本,并用样本的平均值来估计总体的平均值,我们会得到怎样的结果呢?刚才我们已经说过,这个总体在样本容量为 50 时样本组合数为 2×10^{91}。这是一个庞大的数字。为了简便起见,我们只从中随机地抽取 500 个样本,并计算每一个样本的平均值,得到的结果如表 6-2 所示。

表 6-2 样本平均值出现于各区间的次数和频率

区间	出现次数	出现频率
38.00—39.99	1	$\dfrac{1}{500} = 0.002$
40.00—41.99	2	$\dfrac{2}{500} = 0.004$
42.00—43.99	17	$\dfrac{17}{500} = 0.034$

续表

区间	出现次数	出现频率
44.00—45.99	39	$\frac{39}{500} = 0.078$
46.00—47.99	52	$\frac{52}{500} = 0.104$
48.00—49.99	85	$\frac{85}{500} = 0.170$
50.00—51.99	110	$\frac{110}{500} = 0.220$
52.00—53.99	77	$\frac{77}{500} = 0.154$
54.00—55.99	64	$\frac{64}{500} = 0.128$
56.00—57.99	37	$\frac{37}{500} = 0.074$
58.00—59.99	10	$\frac{10}{500} = 0.020$
60.00—61.99	4	$\frac{4}{500} = 0.008$
62.00—63.99	2	$\frac{2}{500} = 0.004$
总计	500	1.0000

将其绘制成图，就得到图 6-1。这是一个抽样分布图。由图 6-1 可知，它近似于一个正态分布。如果所有可能的样本都包括在内，而不仅仅是 500 个，那么它就是一个标准的正态分布。

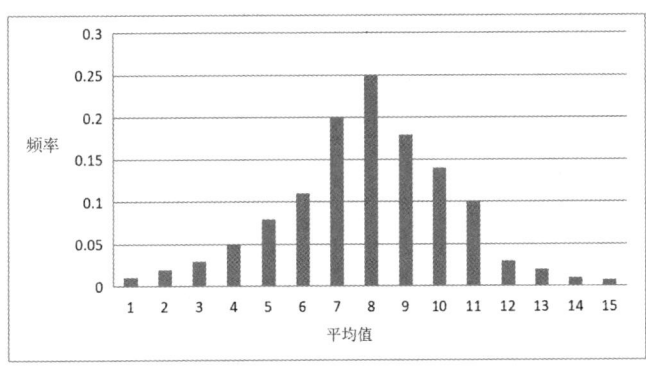

图 6-1 抽样分布

当简单随机样本容量足够大（大于或等于30）时，平均值和百分比的抽样分布有以下几个重要特性：

（1）为一正态分布。

（2）所有样本平均值（$\bar{X}$）的平均值等于总体平均值（μ），所有样本百分比（P）的平均值等于总体平均值（π）。

（3）所有样本平均值的标准差（简称为标准误，记为$\sigma_{\bar{X}}$）等于总体标准差（记为σ）除以样本单位数的平方根：

$$\sigma_{\bar{x}} = \frac{\sigma}{\sqrt{n}} \tag{6-1}$$

样本百分比的标准误（记为σ_P）则为

$$\sigma_P = \sqrt{\frac{\pi(1-\pi)}{n}} \tag{6-2}$$

在实际工作中，我们一般不知道总体标准差或总体百分比，常常要用样本的标准差（S）或百分比（P）来计算标准误的估计值（$\hat{\sigma}_{\bar{x}}$或$\hat{\sigma}_P$），因此公式（6-1）和公式（6-2）就变为：

$$\hat{\sigma}_{\bar{x}} = \frac{S}{\sqrt{n}} \tag{6-3}$$

$$\hat{\sigma}_P = \sqrt{\frac{P(1-P)}{n}} \tag{6-4}$$

正态分布的一个基本特性是抽样分布中任意两点与曲线所围成的面积可以根据Z值计算。某一点的Z值是指以标准误为单位的该点与总体平均值或总体百分比的差值或距离。计算公式如下：

$$Z = \frac{\bar{X} - \mu}{\sigma_{\bar{X}}} \tag{6-5}$$

$$Z = \frac{P - \pi}{\sigma_P} \tag{6-6}$$

一般而言，样本平均值或百分比落在距离总体平均值或百分比 ±1 个标准误内的概率为68.27%；落在距离总体平均值或百分比 ±2 个标准误内的概率为95.45%；落在距离总体平均值或百分比 ±3 个标准误内的概率为99.73%，如图6-2所示。

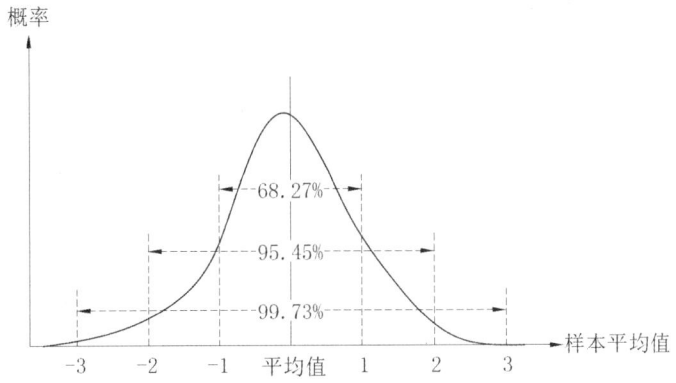

图 6-2 $Z = \pm 1, 2, 3$ 时正态分布的概率

本书后面的附录 B 是一个单尾的正态分布表。它显示的只是 Z 值为正时（单尾的含义）的置信概率。置信概率，即用来衡量统计推断可靠程度的概率。由正态分布表可以根据 Z 值查置信概率，也可以根据置信概率查 Z 值。例如，我们要查 $Z=1.96$ 的置信概率。在附录 B 的表中，先按列找到 1.9，再按行找到 0.06，行和列交叉点上的数据，就是我们要查找的置信概率，为 0.975，即样本平均值或百分比落在距离总体平均值或百分比 1.96 个标准误以内的概率为 97.5%，而落在 1.96 个标准误之外的概率只有 2.5%。相反，如果要查双尾置信概率为 95% 时的 Z 值，则需要先把置信概率转化为单尾的，即 $0.95 \div 2 + 0.5 = 0.975$，然后在表中查找。查找时，先在表中找到 0.975，然后看与其相对应的列和行，可得双尾置信概率为 95% 时的 Z 值为 1.96。

（二）区间估计

用样本统计值推断总体统计值的方法有两种：一种是点估计，另一种是区间估计。点估计是用样本的统计值直接作为总体统计值的估计值。例如，假设一批产品的废品率为 θ。为估计 θ，从这批产品中随机抽出 n 个做检验。以 X 表示其中的废品个数，则 X/n 就是 θ 的估计值。这就是一个点估计。由于没有考虑抽样的平均误差，所以点估计无法知道所做估计的把握程度。

区间估计是指在一定的把握程度下，根据样本统计值和抽样的平均误差（标准误），对总体统计值落入区间范围的估计。其中，把握程度被称为置信概率，统计值落入的区间范围被称为置信区间。

下面我们用平均值的区间估计来说明区间估计的原理。我们从总体中抽出一个样本，并计算出样本的平均值。虽然不知道这个平均值会落在抽样分布的哪一个具体位置上，却知道它肯定会落在这个抽样分布的一个点上。并且，我们还知道它落在距离总体平均值 ±1 个标准误范围内的概率为 68.27%。如果这个平均值就是总体平均值的话，那么在所有的样本组合数中有68.27%的样本平均值会落在距离这个值±1个标准误的范围内。这个范围就是置信区间，用符号表示：

$$[\bar{X} - 1 \times \sigma_{\bar{x}}, \bar{X} + 1 \times \sigma_{\bar{x}}]$$

68.27%就是总体平均值落入这个区间的置信概率。通过扩大置信区间，可以提高置信概率。例如，当我们把置信区间扩大到距离样本平均值±2个标准误的时候，置信概率为95.45%；当扩大到距离样本平均值±3个标准误的时候，置信概率提高到99.73%。当然，我们也可以反过来，在已知置信概率的前提下，查表（见附录B）找Z值，求出与其对应的置信区间。例如，置信概率为95%，查表得Z值为1.96，在样本平均值和标准误已知的情况下，我们就可以计算出总体平均值落入的区间。

一般地，平均值和百分比置信区间的计算公式分别为：

$$[\bar{X} - Z \times \sigma_{\bar{X}}, \bar{X} + Z \times \sigma_{\bar{X}}] \qquad (6-7)$$

$$[P - Z \times \sigma_P, P + Z \times \sigma_P] \qquad (6-8)$$

它们分别等价于公式：

$$\bar{X} - Z \times \sigma_{\bar{X}} \leqslant \mu \leqslant \bar{X} + Z \times \sigma_{\bar{X}} \qquad (6-9)$$

$$P - Z \times \sigma_P \leqslant \pi \leqslant P + Z \times \sigma_P \qquad (6-10)$$

二、平均值估计样本容量的确定

由公式（6-5）和公式（6-6）可知，样本容量的大小关系到标准误的大小，从而决定区间估计的准确性。在允许误差已定的情况下，如何来确定样本容量呢？

例如，某县城共有居民家庭20 000户，现欲采用简单随机抽样的方法，进行一次居民家庭猪肉户均年消费量的抽样调查。调查要求的把握程度为95%，户均年消费量的允许误差为1.5千克，问：应抽取多少户作为样本呢？

这是一个平均值估计的样本容量确定问题。允许误差记为$D_{\bar{X}}$，有：

$$D_{\bar{X}} = Z\sigma_{\bar{X}}$$

再根据公式（6-11），得：

$$D_{\bar{X}} = \frac{Z\sigma}{\sqrt{n}} \qquad (6-11)$$

经过数学变换，可得样本容量确定的公式为：

$$n = \frac{Z^2 \sigma^2}{D_{\bar{X}}^2} \quad (6-12)$$

由此可知，要确定样本容量，除了要知道允许误差，还必须知道 Z 值和总体标准差。允许误差和 Z 值一般根据研究提出的要求而定。它们实际上回答了两个问题：调查可以接受的最大误差是多少？我们有多大的把握认为抽样误差不大于允许误差？

我们一般不知道总体标准差，所以在确定样本容量时，通常用样本标准差 S 作为它的估计值。不过，在抽样之前，样本标准差也是一个未知数，所以有时要使用以前有关调查所得的样本或总体的标准差代替。

回到我们前面提出的问题。如果在前面给定的条件下，我们又根据以往的调查数据得知该县城居民家庭猪肉户均年消费量的标准差为 4.5 千克，那么根据公式（6-12），就可以计算出这项调查应该抽取的样本单位数。

解：已知 $\sigma = 4.5, D_{\bar{X}} = 1.5$，因为置信概率为 95%，查表（见附录 A）可得 $Z = 1.96$。根据公式（6-12）可得：

$$n = \frac{Z^2 \sigma^2}{D_{\bar{X}}^2} = \frac{1.96^2 \times 4.5^2}{1.5^2} = 34.5744$$

答：要达到调查要求，至少应该抽取 35 户作为样本进行调查。

三、百分比估计样本容量的确定

根据同样的方法，我们可以得出进行百分比区间估计时确定样本容量的计算公式。百分比区间估计的允许误差记为 D_p，则有：

$$D_P = Z \sigma_P$$

再根据公式（6-12），得：

$$D_P = Z \sqrt{\frac{\pi(1-\pi)}{n}}$$

经过数学变换，可得样本容量确定的公式为：

$$n = \frac{Z^2 \pi(1-\pi)}{D_P^2} \quad (6-13)$$

小链接 鸭蛋的质量检验

某禽蛋批发部对新进的一批鲜鸭蛋（800个）进行质量抽查。根据以往的业务经验，鲜鸭蛋的变质率约为5%。现采用简单随机抽样，要求的把握程度为95.45%，允许的误差不超过5%，问：应抽取多少个鸭蛋进行质量检验？

解：已知$\pi=5\%$，$D_p=5\%$，因为置信概率为95.45%，查表（见附录A）可得$Z=2$。根据公式（6-13）可得：

$$n=\frac{Z^2\pi(1-\pi)}{D_p^2}=\frac{2^2\times 5\%\times(1-5\%)}{5\%^2}=76$$

答：为达到抽查要求，至少应抽取76个鸭蛋进行质量检验。

四、不同抽样方法样本容量的确定

样本容量的大小主要受以下因素的影响：①调查的目的。如果一项调查对样本的代表性要求较高，那么就需要选择较大的样本容量。②调查总体的大小。如果调查总体较大，包含的个体元素较多，就需要选择较大的样本容量。③调查总体的构成。如果调查总体内个体之间的差异较大，为使样本更具有代表性，样本容量就应该较大。④抽样方法。采用不同的方法抽样，对样本容量的要求也不同。

以上我们只是用简单随机抽样讲解了样本容量确定的原理。实际上，在其他情况相同时，采用不同的随机抽样方式与方法，计算样本容量的公式是不同的，如表6-3所示。

表6-3 不同的随机抽样方式与方法样本容量的计算公式

抽样方式与方法		平均值	百分比	符号说明
简单随机抽样	重复抽样	$n=\dfrac{Z^2\sigma^2}{\Delta_{\bar{x}}^2}$	$n=\dfrac{Z^2\pi(1-\pi)}{\Delta_p^2}$	n=样本容量；$Z=Z$值；σ=总体标准差，可用样本标准差代替；$\Delta_{\bar{x}}$=平均值估计的允许误差；Δ_p=百分比估计的允许误差；N=总体单位数；π=总体百分比，可用样本百分比代替
	不重复抽样	$n=\dfrac{Z^2\sigma^2 N}{N\Delta_{\bar{x}}^2+Z^2\sigma^2}$	$n=\dfrac{NZ^2\pi(1-\pi)}{N\Delta_p^2+Z^2\pi(1-\pi)}$	
分层随机抽样	重复抽样	$n=\dfrac{Z^2\overline{\sigma_i^2}}{\Delta_{\bar{x}}^2}$	$n=\dfrac{Z^2\overline{\pi_i(1-\pi_i)}}{\Delta_p^2}$	$\overline{\sigma_i^2}=\dfrac{\sum\sigma_i^2 N_i}{N}$；$\overline{\pi_i(1-\pi_i)}=\dfrac{\sum N_i\pi_i(1-\pi_i)}{N}$；其他同上
	不重复抽样（分层比例抽样）	$n=\dfrac{Z^2\overline{\sigma_i^2} N}{N\Delta_{\bar{x}}^2+Z^2\overline{\sigma_i^2}}$	$n=\dfrac{NZ^2\overline{\pi_i(1-\pi_i)}}{N\Delta_p^2+Z^2\overline{\pi_i(1-\pi_i)}}$	

续表

抽样方式与方法		平均值	百分比	符号说明
整群随机抽样	不重复抽样	$r = \dfrac{Z^2 \sigma_\mu^2 R}{R\Delta_{\bar{X}}^2 + Z^2 \sigma_\mu^2}$	$n = \dfrac{Z^2 \sigma_\pi^2 N}{N\Delta_{\bar{X}}^2 + Z^2 \sigma_\pi^2}$	$R=$ 所有群数；$r=$ 抽选群数；$\sigma_\mu^2 =$ 总体平均值的群间方差；$\sigma_\pi^2=$ 总体百分比的群间方差；其他同上
等距随机抽样	按无关标志排列	$n = \dfrac{Z^2 \sigma^2}{\Delta_{\bar{X}}^2}$	$n = \dfrac{Z^2 \pi(1-\pi)}{\Delta_P^2}$	按无关标志排列与简单随机抽样相同；按有关标志排列与分层随机抽样相同
	按有关标志排列	$n = \dfrac{Z^2 \overline{\sigma_i^2}}{\Delta_{\bar{X}}^2}$	$n = \dfrac{NZ^2 \overline{\pi_i(1-\pi_i)}}{N\Delta_P^2 + Z^2 \overline{\pi_i(1-\pi_i)}}$	

案例分析 6-1：和平谷分区——郊区的麻烦

和平谷郊区位于大城市的郊区，拥有约 6 000 套高档住宅。10 年前，开发商在和平河上建造了一座土坝，形成了和平湖，这是一个蜿蜒的 20（1 英亩 =4 046.86 平方米）英亩水域。湖泊成为开发项目的核心，前 1 000 块半英亩的土地作为湖滨物业出售。现在和平谷已经完全开发，有 50 条街道，长度大致相同，每条街道上都有大约 120 栋房屋。和平谷的居民主要是年轻、专业、双收入的家庭，有一个或两个学龄儿童。

近几个月来，和平谷并没有名副其实的和平。郊区指导委员会建议社区在分区后面的四个相邻空地上建造游泳池、网球场和会议室设施，建筑成本估计从 250 万元到 300 万元不等，具体取决于设施的规模，目前，每个房主每年需要支付 2 400 元（每月 200 元）的维护费。大约 75% 的居民支付这笔费用。为了资助拟议的娱乐设施，每个和平谷家庭将需要支付 3 500 元的一次性费用，根据设施维护成本估计，年费将增加到 3 600 元。

对娱乐设施的反对意见来自各个方面。对于一些居民来说，一次性费用是不可接受的。对于另一些居民来说，娱乐设施的想法并不吸引人，他们有自己的游泳池，属于当地的网球场，或者会议室设施几乎没有用处，而其他和平谷的房主将娱乐设施视为一个美妙的补充，他们的孩子可以在这里学习游泳、打网球，或者只是在监督下闲逛。

和平谷郊区指导委员会主席决定进行一项调查，以调查和平谷房主对游泳池、网球场和会议室设施概念的意见和偏好。查看以下示例方法。指出您对与每种可能方法相关的问题的反应和答案。

（1）只有一条街道进出小区。郊区指导委员会打算雇用一些学生，让他们在下周 7:00 至 8:30 之间站在和平谷入口处的红绿灯前等待红灯变化时向司机分发问卷。这些问卷将包括有地址的、邮资支付的回邮信封。确定将使用哪种样本方法，列出其优缺点，并指出所得样本的代表性。

（2）郊区指导委员会主席认为，1 000 名房屋位于和平湖滨的人是最适合调查的人，因为他们为自己的地段支付了更多费用，他们的房子更大，而且他们往往比其他居民在和平谷居住的时间更长。如果将这1 000名房主用于样本，将涉及哪种样本方法，其优缺点是什么，以及样本的代表性如何？

（3）假设郊区指导委员会主席的假设是正确的，即1 000名湖滨房主与细分中的其他5 000名房主不同。应该如何利用这些知识来绘制整个细分的代表性样本？确定最合适的概率抽样方法，并逐步指出应如何应用该方法。

（4）您将如何从去年支付分区协会会费的和平谷房主中随机抽取一个简单的样本？如果这种方法可能导致任何样本偏差，会怎样？

（5）这里如何使用两步聚类样本？确定此示例方法并描述如何使用它来选择具有代表性的和平谷家庭样本。

案例分析6-2：微波炉与电磁炉的畅销与滞销

早在十几年前，我国上海的一家大企业决定生产新型电器厨具。他们首先购买了50台家用微波炉和电磁炉，然后在一个基点展销会上进行试销。结果全部产品在3天内全部销售完毕。考虑到展销会的顾客缺乏代表性，于是他们又购买了100台各种款式的微波炉和电磁炉，决定在上海南京路的两个商店进行试销。并且提前3天在报纸上登了广告。结果半夜就有人排队待购，半天时间全部产品都销售出去了。他们很高兴，但是企业管理者仍不放心，他让企业内部的有关部门做一个市场调查，据该部门的负责人说，他们走访了近万户居民，据汇报上来的数据统计，有80%的居民有意购买微波炉和电磁炉。

他们想：上海有1 000多万人，加上各种不方便使用明火的地方、各种边远地区的、不方便做饭的小单位和各种值班人员，总之对于电磁炉和微波炉的需求量应该是巨大的。如果加上辐射的地区江苏、浙江等省份，微波炉和电磁炉的需求量将是一个太令人惊喜的数据。于是，他们下决心引进新型的生产线，立即进行生产。可是，当他们的第二个生产线投产的时候，产品已经滞销，企业全面亏损。企业管理者很不服气。他亲自到已经访问过的居民家中核对调查情况。

结果是所拜访的居民都承认有人来问过他们关于是否购买微波炉和电磁炉的事，而且他们当时都认为自己想买。但是他们后来却都没有买。问其原因，居民的回答各种各样。有的说，原来指望儿子给钱，可是现在儿子不给钱买了；有的说没有想到现在收入没有那么好；有的说单位给安装了煤气等。不管企业管理者如何生气，微波炉和电磁炉生产线只好停产。

问题：

（1）你认为上海这家企业的问题出现在什么地方？

（2）如果你来进行这个市场调查活动，你将会怎么做？请进行详细分析和理由列举。

实训题：小李的宠物店

小李想开一家宠物店。小李认为城市北侧有机会，因为他知道那里已经建造了许多新的分区，许多家庭已经搬入分区，而且他知道北侧还没有宠物店。家庭数量的增长和竞争对手的缺乏表明有很大的商机。

小李希望调查居住在构成其地理目标市场的两个邮政编码区域的大约 20 000 个家庭。当然，他不能全部调查，所以他必须使用样本。对于以下每种可能的方法，选择居住在两个邮政编码区域中几个分区的家庭样本：①确定样本方法的类型；②确定样本框架；③指出样本误差（如有）；④指出所得样本在多大程度上能代表居住在两个邮政编码区域的所有家庭。

（1）在位于两个邮政编码区域的兽医诊所放置问卷，供宠物主人在等待医生检查宠物时填写。

（2）在城市电话簿中每 100 个名字中选择 1 个名字；只打电话和采访那些住在两个邮政编码区域的人。

（3）使用随机数系统选择位于两个邮政编码区域某处的单个分区，然后将问卷放入该分区中每个家庭的邮箱中。

（4）在当地报纸上宣布举办"最可爱的狗狗比赛"，参赛者发送照片和地址信息。使用居住在两个邮政编码区域的参赛者作为样本。

（5）前往当地的动物收容所，获取居住在两个邮政编码区域的宠物领养者的电子邮件地址。设置在线调查，并向每个电子邮件地址发送电子邮件邀请参加调查。

思考题：

（1）什么是样本？为什么要抽样？

（2）什么是等概率抽样？有哪些代表性的抽样方法？

（3）随机数表法如何使用？

（4）等距抽样有哪些具体的方法？优缺点有哪些？

（5）聚类抽样的实施步骤有哪些？

（6）分层抽样的实施步骤是什么？如何确定样本数？

（7）非等概率抽样的典型方法有哪些？

（8）配额抽样的种类有哪些？优缺点分别是什么？

（9）方便抽样如何应用？

（10）立意抽样的优缺点是什么？抽样方式包括哪些？

（11）滚雪球抽样的概念是什么？如何使用？

（12）市场调查过程中的样本量如何计算？

第七章　调查数据分析

【学习目标】
◎ 了解描述性分析的基本分析方法
◎ 掌握差异分析、关联分析和回归分析的理论内涵和使用方法
◎ 掌握选择数据分析方法的技能

引例：某玛经典营销案例：啤酒与尿布

"啤酒与尿布"的故事产生于20世纪90年代的美国某玛超市中，某玛的超市管理人员分析销售数据时发现了一个令人难以理解的现象：在某些特定的情况下，"啤酒"与"尿布"两件看上去毫无关系的商品会经常出现在同一个购物篮中，这种独特的销售现象引起了管理人员的注意，经过后续调查发现，这种现象出现在年轻的父亲身上。

在美国有婴儿的家庭中，一般是母亲在家中照看婴儿，年轻的父亲前去超市购买尿布。父亲在购买尿布的同时，往往会顺便为自己购买啤酒，这样就会出现啤酒与尿布这两件看上去不相干的商品经常会出现在同一个购物篮中的现象。如果这个年轻的父亲在一家商店只能买到两件商品之一，则他很有可能放弃购物而到另一家商店，直到可以同时买到啤酒与尿布为止。某玛发现了这一独特的现象，开始尝试将啤酒与尿布摆放在相同的区域，让年轻的父亲可以同时找到这两件商品，并很快地完成购物；而某玛超市也可以让这些客户一次购买两件商品，而不是一件，从而获得了很好的商品销售收入，这就是"啤酒与尿布"故事的由来。

当然"啤酒与尿布"的故事必须具有技术方面的支持。1993年，美国学者阿格拉沃尔（Agrawal）提出通过分析购物篮中的商品集合，找出商品之间关联关系的关联算法，并根据商品之间的关系，找出客户的购买行为。阿格拉沃尔从数学及计算机算法角度提出了商品关联关系的计算方法——Aprior算法。某玛从20世纪90年代尝试将Aprior算法引入到POS机数据分析中，并获得了成功，于是产生了"啤酒与尿布"的故事。

思考："啤酒与尿布"的故事说明了数据分析中的哪种分析方法？

参考答案：相关性分析，回归分析。

第一节 描述性统计分析

数据分析是指用适当的统计分析方法对收集来的大量数据进行分析，将它们加以汇总和理解并消化，以求最大化地开发数据的功能，发挥数据的作用。数据分析是为了提取有用信息和形成结论而对数据加以详细研究和概括总结的过程。常用的数据分析有五种：描述性分析、差异分析、关联分析和回归分析。每一种在数据分析过程中都有独特的作用，但它们通常被组合在一起以实现研究目标。这些技术逐渐变得更加复杂，但随着复杂性的提高，它们将原始数据转换为越来越有用的信息。

描述性统计，是指运用制表和分类，图形以及计算概括性数据来描述数据特征的各项活动。描述性统计分析要对调查总体所有变量的有关数据进行统计性描述，主要包括数据的频数分析、集中趋势分析、离散程度分析以及一些基本的统计图形。①数据的频数分析。在数据的预处理部分，利用频数分析和交叉频数分析可以检验异常值。②数据的集中趋势分析。用来反映数据的一般水平，常用的指标有平均值、中位数和众数等。③数据的离散程度分析。主要是用来反映数据之间的差异程度，常用的指标有方差和标准差。④绘制统计图。用图形的形式来表达数据，比用文字表达更清晰、更简明。在 SPSS 软件里，可以很容易地绘制各个变量的统计图形，包括条形图、饼图和折线图等。

一、频数分析

频数分析是一种统计方法，用于确定在给定数据集中，每个变量的不同取值出现的次数。通过计算每个取值的频数，我们可以了解该变量的分布情况和出现频率。频数分析可以帮助我们快速了解数据的基本情况，对数据集的特点和分布有一个直观的认识，从而为进一步的数据分析和决策提供参考。

在进行频数分析时，我们首先需要对数据进行分组，然后统计每个组内的频数。这些频数可以以表的形式或图形的形式表示，如柱状图、饼图、直方图等。通过这些图表，我们可以直观地了解数据的分布特征和主要取值。

在 SPSS 中进行频数分析的操作相对简单。首先，打开数据文件并选择"分析"菜单中的"描述统计"选项，然后选择"频率"选项。在弹出的对话框中，选择要分析的变量并将其移到"变量"列表中。接下来，可以根据需要选择统计量和图表类型。完成所有设置后，点击"确定"按钮，SPSS 将自动生成频率分析的结果。

解释频率分析的结果时，主要关注频数（某一特定值或类别出现的次数）、有效百分比（忽略缺失值的情况下某一特定值或类别所占的百分比）以及累计百分比（表示某一特定值或类别及其之前所有类别所占的百分比之和）。条形图或饼图等图形可以直观地展示每个类别的频数或百分比。

二、集中趋势分析

在正常状态下，一些现象有趋向于中心位置的情况，这种趋向于集中的均衡形态，是自然界的一种平衡现象。所以，在对研究资料进行分析时，如果能够了解一种趋向于中心位置的数值，就可用它来代表此项资料的一般情况。而对这一中心值的测度即为集中量的测度。对现象进行集中趋势测度的方法主要有众数、中位数和平均值。

众数是指在统计分布上具有明显集中趋势点的数值，代表数据的一般水平。也是一组数据中出现次数最多的数值，有时众数在一组数中有好几个。用 M 表示。众数是一组数据中的原数据，而不是相应的次数。一组数据中的众数不止一个，如数据 2、3、-1、2、1、3 中，2、3 都出现了两次，它们都是这组数据中的众数。

中位数，又称中点数，中值。中位数是按顺序排列的一组数据中居于中间位置的数，即在这组数据中，有一半的数据比它大，有一半的数据比它小，这里用 $m_{0.5}$ 来表示中位数。

有一组数据：$x_1, x_2, \cdots, x_n$，将它按从小到大的顺序排序为：$x_{(1)}, x_{(2)}, \cdots, x_{(n)}$，则当 N 为奇数时，$m_{0.5}=x_{(n+1)/2}$；当 n 为偶数时，$m_{0.5}=[x_{(n/2)}+x_{(n/2+1)}]/2$。一个数集中最多有一半的数值小于中位数，也最多有一半的数值大于中位数。如果大于和小于中位数的数值个数均少于一半，那么数集中必有若干值等同于中位数。

均值，即算术平均数，是指在一组数据中所有数据之和再除以数据的个数。把 n 个数的总和除以 n，所得的商叫作这 n 个数的算术平均数。计算公式：$A_n=(a_1+a_2+\cdots+a_n)/n$。

三、离散程度分析

离散程度分析是一种统计学方法，用于衡量一组数据中各个观测值之间的差异程度。这种方法可以帮助我们了解数据的分散情况，从而评估数据的集中趋势的代表性和稳定性。离散程度的测度指标包括极差和标准差等，它们各自具有不同的应用场景和意义。

极差：极差是一组数据中的最大值与最小值之间的差，也称为全距。它反映了数据的波动范围，是描述数据离散程度的一个简单统计量。极差越大，说明数据的波动幅度越大。

即最大值 – 最小值（也就是极差）是评价一组数据的离散度最直接也是最简单的方法。这一方法在日常生活中最为常见，如比赛中去掉最高分、最低分就是极差的具体应用。

极差 = 最大值 – 最小值。

$$R = X_{max} - X_{min}$$（其中，X_{max} 为最大值，X_{min} 为最小值）

例如：12 12 13 14 16 21

这组数的极差就是：21-12=9

标准差：标准差是随机变量各个取值偏差平方的平均数的算术平方根，是最常用的反映随机变量分布离散程度的指标。标准差既可以根据样本数据计算，也可以根据观测变量的理论分布计算，分别称为总体标准差和样本标准差。标准差是一组数值的重要特征，用于衡量各变量值距离其中心值的程度，离散程度越大，则用于代表集中趋势的度量值对于这一组数据的代表性也越差。

总体标准差：$\sigma = \sqrt{\dfrac{\sum_{i=1}^{n}(x_i - \mu)^2}{n}}$

样本标准差：$S = \sqrt{\dfrac{\sum_{i=1}^{n}(x_i - \bar{x})^2}{n-1}}$

标准误差：$\sigma_n = \dfrac{\sigma}{\sqrt{n}}$

与方差的关系：方差 = 标准差的平方。

在实验中单次测量总是难免会产生误差，为此我们经常测量多次，然后用测量值的平均值表示测量的量，并用误差条来表征数据的分布，其中误差条的高度为 ± 标准误差。这里即标准差。

变异系数：$c_v = \dfrac{\sigma}{\bar{x}}$

其中，$\bar{x}$ 指数据的平均数。

通过离散程度分析，我们可以更好地理解数据的分布特征，评估数据的变异程度，进而为数据分析、决策制定等提供更准确的依据。在实际应用中，离散程度的测度指标可以根据具体的研究目的和数据特性进行选择和使用。

四、绘制统计图

统计图是根据统计数字，用几何图形、事物形象和地图等绘制的各种图形。它具有直观、形象、生动、具体等特点。统计图可以使复杂的统计数字简单化、通俗化、形象化，使人一目了然，便于理解和比较。因此，统计图在统计资料整理与分析中占有重要地位，并得到广泛应用。常用的统计图有条图、百分条图和圆图、半对数线图、直方图、散点图、统计地图。

（1）条图：又称直条图，表示独立指标在不同阶段的情况，有二维或多维，图例位于右上方。

（2）百分条图和圆图：描述百分比（构成比）的大小，用颜色或各种图形将不同比例表达出来，如图7-1所示。

（3）线图：用线条的升降表示事物的发展变化趋势，主要用于计量资料，描述两个变量间关系，如图7-2所示。

（4）半对数线图：纵轴用对数尺度，描述一组连续性资料的变化速度及趋势。

（5）直方图：描述计量资料的频数分布。

（6）散点图：描述两种现象的相关关系。

（7）统计地图：描述某种现象的地域分布。

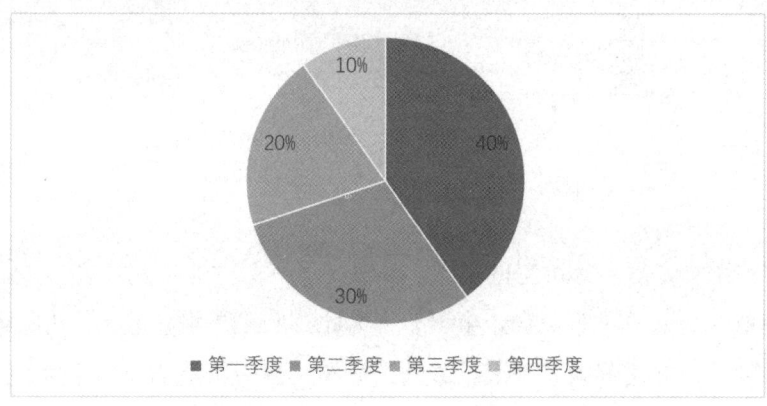

图7-1　各季度销售额占比

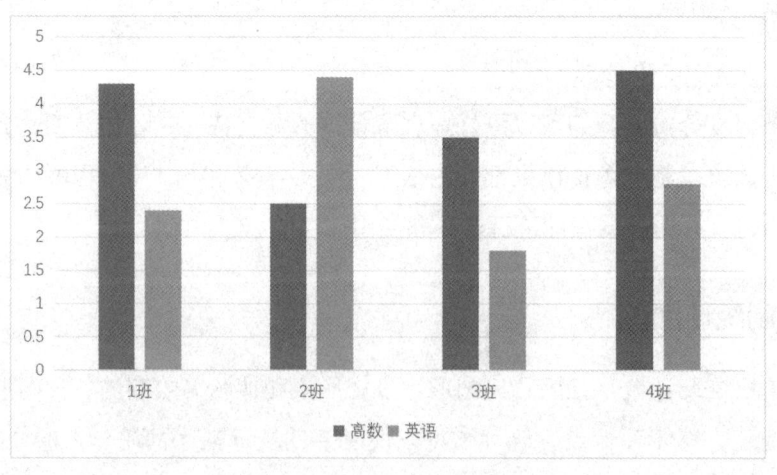

图7-2　各班级高数和英语课程平均绩点统计

第二节　差异分析

一、参数估计：估计总体百分比或平均值

参数估计是使用样本信息来计算描述参数范围（如总体均值（μ）或总体百分比（π））的区间的过程。它涉及三个值：样本统计量（例如平均值或百分比）、统计量的标准误差和所需的置信水平（通常为95%或99%）。

（一）样本统计量

样本统计量（简称统计量）指的是样本的函数，并且此函数不含有未知参数。常见的统计量有：样本均值，样本方差，样本极差等。

设 X_1，X_2，…，X_n 为总体 X 的样本，T 为 n 维实值函数，作样本 X_1，X_2，…，X_n 的函数 $T=T(X_1, X_2, …, X_n)$（不带未知参数的随机变量），T 的取值记为 $t=T(x_1, x_2, …, x_n)$，称 T 或 $T(X_1, X_2, …, X_n)$ 为样本统计量，简称为统计量。

注：（1）统计量指的是样本的函数，并且不含有未知参数。样本的函数等价于定义在样本空间上的函数。

（2）给定样本的一次观察值 $x=(x_1, x_2, …, x_n)$ 时，$T(x_1, x_2, …, x_n)$ 的值完全确定。

（二）标准误差

均方根误差是预测值与真实值偏差的平方与观测次数 n 比值的平方根，在实际测量中，观测次数 n 总是有限的，真值只能用最可信赖（最佳）值来代替。标准误差对一组测量中的特大或特小误差反应非常敏感，所以，标准误差能够很好地反映出测量的精密度。

均值标准误的公式如下：

$$S_x = \frac{s}{\sqrt{n}} \tag{7-1}$$

S_x= 均值的标准误差

s= 标准差

n= 样本量

百分比标准误的公式如下：

$$S_p = \sqrt{\frac{p \times q}{n}} \qquad (7-2)$$

S_p= 百分比的标准误差

p= 样本百分比

q=（100-p）

n= 样本量

在这两个方程中，样本量 n 都在分母中找到。这意味着样本量越大，标准误差越小，样本量越小，标准误差越大。同时，这两个标准误差公式都揭示了样本中发现的变异的影响。变异由均值的标准差 s 表示，百分比用（$p \times q$）表示。在任一方程中，变化都在分子中，因此变异性越大，标准误差越大，标准误同时考虑了样本量和样本中发现的变异量。

为了说明这一点，让我们举两个例子：对每天阅读《人民日报》的时间做了调查：20分钟的标准差，以及40分钟的标准差，这两项调查都使用了100的样本量。平均值计算得出的标准误差如表 7-1 所示。

表 7-1　标准误差

Calculations of standard error of the mean with standard deviation = 20 and with standard deviation = 40	Std.dev.= 20	Std.dev.= 40
	$S_x = \dfrac{s}{\sqrt{n}}$	$S_x = \dfrac{s}{\sqrt{n}}$
	$S_x = \dfrac{20}{\sqrt{100}}$	$S_x = \dfrac{40}{\sqrt{100}}$
	$= \dfrac{20}{10}$	$= \dfrac{40}{10}$
	=2 minutes	=4 minutes

只要两个样本的大小相同，低变异性样本的平均值（20 分钟）的标准误差小于高变异性样本的平均值（40 分钟）标准误差。当变异性从 20 分钟增加到 40 分钟时，在样本量相同的情况下，标准误差也增加了一倍。

（三）置信区间

置信区间用于描述一个参数或统计量的不确定性范围。它是一个区间，通常以一定的置信水平表示（例如 95% 置信水平），表示这个区间内包含真实参数值的概率。置信区间的计算基于样本数据，通过对样本数据的分析来估计总体参数的可能范围。这个范围反映了我们对总体参数真实值的不确定性程度，即我们有多少信心认为总体参数的真实值落在这个范围内。

在计算置信区间时，通常会考虑到样本量的大小和置信水平的选择。一般来说，样本量越大，置信区间通常会越窄，这意味着我们对总体参数的估计会越精确。同样，置信水平（例如95%）决定了置信区间的宽度，即我们有多大的把握认为总体参数的真实值落在这个区间内。例如，如果一个调查显示某人的支持率为55%，在95%的置信水平下，置信区间是50%到60%，这意味着我们有95%的信心认为该人的真实支持率在50%到60%之间。

置信区间的计算公式取决于所用到的统计量。置信区间是在预先确定好的显著性水平下计算出来的，显著性水平通常称为α，如前所述，绝大多数情况会将α设为0.05。置信度为（1-α），或者$100\times(1-\alpha)\%$。于是，如果α=0.05，那么置信度则是0.95或95%，后一种表示方式更为常用。置信区间的常用计算方法如下：

$$Pr(c1 <= \mu <= c2) = 1-\alpha \quad (7-3)$$

其中：α是显著性水平（例如0.05或0.10）；

Pr表示概率，是单词probability的缩写；

$100\%\times(1-\alpha)$或$(1-\alpha)$或指置信水平（例如95%或0.95）；

表达方式：interval（c1，c2）- 置信区间。

求解步骤：

第一步：求一个样本均值。

第二步：计算出抽样误差。经过实践，通常认为调查：100个样本的抽样误差为$\pm10\%$；500个样本的抽样误差为$\pm5\%$；1 200个样本时的抽样误差为$\pm3\%$。

第三步：用第一步求出的"样本均值"加、减第二步计算的"抽样误差"，得出置信区间的两个端点。

二、假设检验

假设检验，又称统计假设检验，是用来判断样本与样本、样本与总体的差异是由抽样误差引起还是本质差别造成的统计推断方法。假设检验的基本思想是"小概率事件"原理，其统计推断方法是带有某种概率性质的反证法。小概率思想是指小概率事件在一次试验中基本上不会发生。反证法思想是先提出检验假设，再用适当的统计方法，利用小概率原理，确定假设是否成立，即为了检验一个假设H_0是否正确，首先假定该假设H_0正确，然后根据样本对假设H_0作出接受或拒绝的决策。如果样本观察值导致了"小概率事件"发生，就应拒绝假设H_0，否则应接受假设H_0。

假设检验是一种统计程序，用于根据样本证据"接受"或"拒绝"假设。例如，你的朋友 A 不系安全带，他认为只有少数司机真正系安全带。某天 A 的车坏了送去维修，从此他搭同事的车一起上下班。在一周的时间里，A 和五个不同的同事一起上班，他注意到五个人中有四个人系好了安全带。当 A 下周开始驾驶自己的汽车时，他开始系好安全带，因为他没有找到支持他的假设论据，即很少有司机系好安全带，所以 A 改变了他的假设以符合现实。

可以使用百分比或平均值确定假设的总体参数值。用于检验总体百分比假设的方程如下：

$$z = \frac{p - \pi_H}{S_{\bar{x}}} \tag{7-4}$$

p = 样本百分比

π_H = 假设的人口百分比

S_p = 百分比的标准误差

用于检验总体均值假设的方程如下：

$$z = \frac{\bar{x} - \mu_H}{S_{\bar{x}}} \tag{7-5}$$

$\bar{x}$ = 样本均值

μ_H = 假设总体均值

S_x = 均值的标准误。

跟踪这些方程的逻辑，可以看到样本均值（$\bar{x}$）与假设的总体均值（u）进行比较。同样，将样本百分比（p）与假设百分比（m）进行比较。在这种情况下，"比较"的意思是"采取差异"。此差值除以标准误差，以确定样本统计量与假设参数相差多少个标准误。应该记住，标准误差考虑了样本中发现的变异性以及样本量。具有很大变异性的小样本会产生较大的标准误差，因此我们的样本统计量可能在算术上与平均值相差很远，但在某些情况下仍然小于一个标准误差。我们的样本找到的有关总体的所有相关信息都包含在这些计算中。然后，对正态曲线下面积的了解开始发挥作用，将这个距离转化为支持假设的概率。如果计算出的 Z 值大于 1.96 或小于 –1.96，则我们有 95% 的置信水平认为样本证据不支持假设的参数值。

以上述安全带为例，即只有 10% 的司机使用安全带。假设一项民意调查发现，在全国 1 000 名司机的样本中，有 80% 的受访者系安全带。假设检验的计算方法如表 7-2 所示。

表 7-2　假设检验的计算方法

计算公式	
假设百分比 π_H：10% 样本百分比 p：80% 样本：$q=100-p=20$ $n=1\,000$	$z = \dfrac{p - \pi_H}{S_p}$ $= \dfrac{p - \pi_H}{\sqrt{\dfrac{p \times q}{n}}}$ $= \dfrac{80 - 10}{\sqrt{\dfrac{80 \times 20}{1\,000}}}$ $= \dfrac{70}{\sqrt{\dfrac{1\,600}{1\,000}}}$ $= \dfrac{70}{\sqrt{1.6}}$ $= 55.3$

如果假设是正确的，那么找到接近假设的可能性比找到远离假设的可能性更大。因此，样本值在假设平均值的 +1.96/+2.58 个标准误差范围内，则它在 95%/99% 的置信水平上支持假设。

小链接：如何使用 SPSS 检验均值的假设

执行均值假设检验，SPSS 提供了一个"检验值"框，可在其中输入假设均值，使用 ANALYZE-COMPAREMEANS-ONESAMPLE'TTES'T 命令序列进入此框。然后，选择因变量。接下来，输入均值作为测试值，然后单击"确定"按钮。在单样本检验表中，输出指示检验值与测试值的差别，并估计总体参数的 95% 置信区间（总体参数是假设均值和样本均值之间的差值）。

三、两组间显著性差异分析

两组间的差异比较需要五个主要步骤。第一，提出假设：无效（零）假设 H_0 和备择假设 H_A，无效假设是为了检验某个特定的参数或状态是否为真。第二，确定显著水平：显著水平是用于判断差异是否显著的临界值，以小数形式表示，包括 0.05 或 0.01，选择适当的显著水平是显著性检验中的重要步骤。第三，构造检验统计量：计算统计量，即两组样本的百分比。第四，判断差异是否显著：根据所确定的显著水平和检验统计量的值，判断样本与总体之间的差异是否具有统计意义。第五，得出结论：根据判断结果，给出相应的结论或建议。

两个百分比之间的差异检测，其公式如下：

$$z = \frac{p_1 - p_2}{s_{p_1-p_2}} \quad (7-6)$$

此时

p_1 = 样本 1 中的百分比

p_2 = 样本 2 中的百分比

$s_{p_1-p_2}$ = 两个百分点之差的标准误差

两个百分比的标准误差用以下公式计算：

$$s_{p_1-p_2} = \sqrt{\frac{p_1 \times q_1}{n_1} + \frac{p_2 \times q_2}{n_2}} \quad (7-7)$$

此时

$q_1 = 100 - p_1$

$q_2 = 100 - p_2$

n_1, n_2 = 样本 1 和样本 2 分别对应的样本大小。

举例说明：去年对 300 家公司进行的调查显示有 40% 的公司前往校园招聘大学毕业生，而今年对 100 家公司进行的调查显示有 65% 的公司前往校园招聘大学毕业生。

在 95% 置信水平时，计算的 Z 值与标准 Z 值 1.96 进行比较，计算的 Z 值 4.51 大于 1.96，则在 95% 置信水平上不支持零假设。这意味着两个百分比之间存在统计学上的显著差异。表明如果用大量独立样本多次重复这种比较，这些重复中至少有 95% 存在着显著差异。

四、方差分析

方差分析（ANOVA），又称"变异数分析"，用于两个及两个以上样本均值差异的显著性检验。由于各种因素的影响，数据呈现波动状。造成波动的原因可分成两类，一类是不可控的随机因素，另一类是研究中提出的可控因素。

（一）方差分析的原理

方差分析的基本原理是认为不同处理组的均值间的差异来源有两个：

（1）实验条件，即不同的处理造成的差异，称为组间差异。用变量在各组的均值与总均值之偏差平方和的总和表示，记作 SSb，组间自由度 dfb。

（2）随机误差，如测量误差造成的差异或个体间的差异，称为组内差异，用变量在各组的均值与该组内变量值之偏差平方和的总和表示，记作 SSw，组内自由度 dfw。

总偏差平方和 SSt = SSb + SSw。

组内 SSw、组间 SSb 除以各自的自由度（组内 dfw=n-m，组间 dfb=m-1，其中 n 为样本总数，m 为组数），得到其均方 MSw 和 MSb，一种情况是处理没有作用，即各组样本均来自同一总体，MSb/MSw≈1。另一种情况是处理确实有作用，组间均方是由误差与不同处理共同导致的，即各样本来自不同总体。那么，MSb>>MSw（远远大于）。

MSb/MSw 比值构成 F 分布。用 F 值与其临界值比较，推断各样本是否来自相同的总体。

（二）举例说明 ANOVA 的应用

一家大型百货公司进行调查。一个问题是"你最后一次购买超过 250 元的商品是关于哪个方面的？"

结果表明有较多的受访者在以下四个方面进行了采购：

（1）电子产品；

（2）家庭和花园；

（3）运动用品；

（4）汽车。

另一个问题是"你会花 250 元从那个方面再购买一件商品吗？"受访者以 7 分为满分，其中 1= 非常不可能，7= 非常可能。

调研员进行了六个不同的独立样本 t 检验。结果见表 7-3。汽车的平均值与其他三个的回购意愿平均值存在显著差异，并且低于其他三个方面的回购意愿平均值。另外，其他三个方面的回购意愿没有显著差异，即在汽车购买方面价值超过 250 元物品的顾客，不如购买其他方面的顾客满意。

表 7-4 是一个简化的 ANOVA 输出。调研员需要查看 F 检验结果。显著性差异显示 0.000，小于 0.05，这意味着至少有一对平均值有显著差异。从最低平均数到最高平均数的平均值排列在第二个表格中，很明显，汽车部门有问题。

方差分析比多重独立样本 t 检验具有两个明显的优势。

首先，它会立即通知调研员是否有任何显著差异。

其次，SPSS 输出有序排列检验结果，可以很容易地定位和解释显著差异。

表 7-3　六个独立样本 t 检验的结果——客户有多大可能性回购

对比组	各组中值*	显著性差异	
汽车 / 电子产品	2.2/5.1	.000	两组对照组之间的统计学显著性差异
汽车 / 家庭和花园	2.2/5.3	.000	
汽车 / 运动用品	2.2/5.6	.000	
电子产品 / 家庭和花园	5.1/5.3	.873	
电子产品 / 运动用品	5.1/5.6	.469	
家庭和花园 / 运动用品	5.3/5.6	.656	

表 7-4　重要商品的顾客回购可能性的方差分析结果

F 值	显著性差异		
226.991	.000		至少两组之间在统计学上有显著差异
部门	子集*		
	1	2	
汽车	2.2		电子产品，家庭和花园和体育用品的中值是大致相同的，但是汽车部门的中值相比要低得多，所以汽车部门有一定的问题
电子产品		5.1	
家庭和花园		5.3	
运动用品		5.6	

＊同一栏的平均数没有显著差异；不同栏的平均数有显著差异。

第三节　关联分析

关联分析是发现存在于大量数据集中的关联性或相关性，从而描述一个事物中某些属性同时出现的规律和模式。

关联分析从大量数据中发现项集之间有趣的关联和相关联系。关联分析的一个典型例子是购物篮分析，该过程通过发现顾客放入购物篮中的不同商品之间的联系，分析顾客的购买习惯。了解哪些商品频繁地被顾客同时购买，可以帮助零售商制定营销策略。其他应用还包括价目表设计、商品促销、商品的排放和基于购买模式的顾客划分。

可以从数据库中关联分析出诸如"由于某些事件的发生而引起另外一些事件的发生"之类的规则，如本章引例中的"啤酒和尿布"关联性。又如"'C 语言'课程成绩优秀的同学，在学习'数据结构'时成绩优秀的可能性达 88%"，那么就可以通过强化"C 语言"的学习来提高教学效果。

一、两个变量的关联性分析

（一）线性关系

线性关系是两个变量之间的"直线关系"。知道一个变量的值，通过线性公式，可以计算出另一个变量的值。线性公式如下：

$$y = a + bx \tag{7-8}$$

此时

$y=$ 被估计或预测的因变量

$a=$ 截距

$b=$ 斜率

$x=$ 用于预测因变量的自变量

线性关系包含了大量的信息。通过简单地替换 a 和 b 的值，给定任何 x 的值，就可以确定 y 的值。例如，拐角餐厅每个顾客每次午餐花费大约 12 元，使用线性关系来估计顾客数量和收入的关系。采用下列公式：

$$y = \$0 + \$12 \times 顾客数量 \tag{7-9}$$

公式（7-8）中的 x 对应公式（7-9）中的顾客数量。线性关系显示了收入预期的平均值。

线性关系是可以用直线为其建模的数据趋势。例如，假设一家航空公司想要估计燃油价格对飞行成本的影响。他们发现，一加仑航空燃料每上升一元，他们的 LA-NYC 航班的飞行成本就增加 3 500 元。这就说明航空燃料成本与飞行成本之间存在线性关系，如图 7-3 所示。

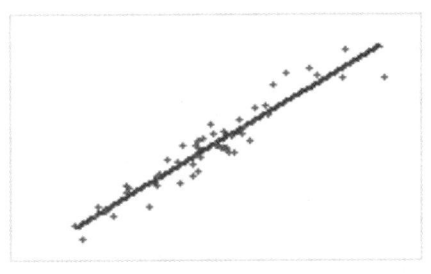

图 7-3　强正向线性关系

（二）非线性关系

自变量与因变量之间不成线性关系，而是成曲线或抛物线关系或不成为定量，则这种关系就叫作非线性关系。

"线性"与"非线性",常用于区别函数 $y=f(x)$ 对自变量 x 的依赖关系。线性函数即一次函数,其图像为一条直线;非线性函数则为非线性函数,其图像不是直线,如图 7-4 所示)。非线性关系则指不按比例、不成直线的关系,代表不规则的运动和突变。如问两只眼睛的视敏度是一只眼睛的几倍?很容易想到的是 2 倍,可实际是 6~10 倍。这就是非线性:1+1 不等于 2。

非线性关系虽然千变万化,但还是具有某些不同于线性关系的共性。

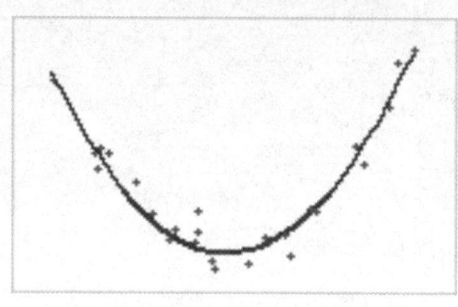

图 7-4 非线性关系

(三)单调与非单调关系

在单调关系中,研究者可以给两个变量之间的关联指定一个大致的方向。单调关系可以增加也可以减少。单调增长关系是指一个变量随着另一个变量的增长而增长。单调递减关系是一个变量随着另一个变量的递减而增加。在这两种情况下,都没有任何迹象表明一个变量的确切变化量与另一个变量的变化量相同。单调意味着这种关系只能用一般的方向性来描述。除此之外,描述缺乏准确性。例如,如果一个公司增加了广告数量,我们会预期它的销售额会增加,但是我们不知道销售额会增加多少。

非单调一词的本质意思是,虽然没有可辨别的方向,但一个关系存在并可以描述。例如,早餐馆的顾客通常购买咖啡,而中午的顾客通常购买软饮料。这种关系绝不是排他性的——不能保证早上的顾客总是点一杯咖啡,也不能保证中午的顾客总是点一杯软饮料。但是,一般来说,这种关系是存在的。这种非单调的关系很简单,早上的顾客倾向于购买早餐食品,如鸡蛋、饼干和咖啡,而中午的顾客倾向于购买午餐食品,如汉堡包、薯条和软饮料。因此,"早餐"标签与"咖啡"标签相关联,而"午餐"标签与"软饮料"标签相关联。换句话说,在非单调关系中,当发现一个变量的标签存在时,将倾向于发现另一个变量的特定标签的存在:早餐顾客通常点咖啡。但是这种联系是非常普遍的,我们必须用口头的方式来说明每一个联系。换句话说,我们只知道存在或不存在这种非单调关系的一般模式。

二、皮尔逊积矩相关系数

皮尔逊积矩相关系数（PPMCC 或 PCCs），又称皮尔逊相关系数，是用于度量两个变量 X 和 Y 之间的相关（线性相关）程度，其值介于 –1 与 1 之间。

皮尔逊积矩相关系数的计算公式为：

$$r_{xy} = \frac{\sum_{i=1}^{n}(x_i - \bar{x})(y_i - \bar{y})}{ns_x s_y} \quad (7-10)$$

$x_i =$ 第 i 个 x 的值；$\bar{x} =$ 所有 x 的均值；$y_i =$ 第 i 个 x 的值；$\bar{y} =$ 所有 x 的均值；$n=$ 配对个案数目；$s_x, s_y =$ 变量 x 和 y 的标准差。

结果标准化在 -1.0 到 +1.0 之间。

下面是皮尔逊积矩相关系数的例子。你有一些关于你所在省 10 个县的人口和零售额的数据。人口和零售业之间有什么关系吗？快速计算一下，发现每个县的平均人口为 69 万人，平均零售额为 954 万元。标准差分别为 384.3 和 7.8，交叉乘积和为 25，154。找出相关系数的计算公式如表 7-5 所示：

表 7-5　计算公式

计算相关系数	
交叉乘积和 = 25，154　$n=10$	
标准差 $x = 7.8$	
标准差 $y= 384.3$	$r_{xy} = \dfrac{\sum_{i=1}^{n}(x_i - \bar{x})(y_i - \bar{y})}{ns_x s_y}$ $= \dfrac{25,154}{10 \times 7.8 \times 384.4}$ $= \dfrac{25,154}{29,975.4}$ $= 0.84$

0.84 的相关系数对于这种关系来说是一个高的正相关系数。这一数值表明，居住在一个县的公民人数越多，该县的零售额就越大。

总之，皮尔逊积矩相关系数不仅表示关联程度，而且表示方向，负相关系数显示出相反的关系：当一个变量增大时，另一个变量减小。正相关系数显示正相关关系正在增加：一个变量的值越大，另一个变量的值就越大。

小链接：如何利用 SPSS 获得皮尔逊积矩相关系数

使用 SPSS，只需几次点击就可以计算出相关系数。以 7 个点的间隔尺度来衡量 5 种可能的汽车模型中的每一种的偏好。有6种不同的生活方式：小说家，创新者，潮流引领者，先驱者，主流和经典。每种生活方式都是用7点间隔来衡量的，其中1=根本不能描述我，7=完美地描述我。

打开 SPSS 软件，导入数据，点击序列是 ANALYZE - CORRELATE – BIVARIATE。出现一个选择框，以指定哪些变量是相关的。可以选择4种经济型汽油模式和6种生活方式类型。不同类型的相关性是可选的，选择皮尔森，双尾显著性检验是默认的。

SPSS 计算相关性，其输出都是由每个变量所属的行和列组成的对称相关矩阵。矩阵中的每个单元包含三个项目：①相关系数；②显著性水平；③样本量。关于相关系数的统计显著性，SPSS 为 0.05 放置一个星号，为 0.01 放置一个双星号。这些相关性在统计学上是显著的。

三、交叉列表分析

交叉列表分析法是指同时将两个或两个以上有一定联系的变量及其变量值按照一定的顺序交叉排列在一张统计表内，使各变量值成为不同变量的结点，从中分析变量之间的相关关系，进而得出科学结论的一种数据分析技术。交叉表格表有时被称为"r × c"（r-by-c）表，因为它由行和列组成。行和列的交集称为交叉表格单元格。让我们看一个调查，其中有两种类型的个人：某花啤酒的购买者和某花啤酒的非购买者。还有两种职业：可能被称为"白领"雇员的专业工人和有时被称为"蓝领"工人的体力劳动者。

如表 7-6 所示，每个变量的 SPSS 频率表显示有 200 名受访者参与了调查。就职业状态而言，160 人自称为"白领"，而 40 人自称为"蓝领"。就购买某花啤酒而言，166 个是"买家"，而 34 个是"非买家"。可以看出，交叉表格分析同时使用名义变量，并以各种方式计算出各类频率，即白领买家，蓝领买家，白领非买家和蓝领非买家的数量。

没有要求行和列的数量相等，我们只是使用一个 2×2 的交叉表格来使示例尽可能简单。某花啤酒调查的交叉表格如表 7-7 表示，作为"观察频率表"，这些列是垂直对齐的，并在表中指示为啤酒的"买方"或"非买方"，而行指示为"白领"或"蓝领"的职业。此外，还有一个"Total"列和行。交叉分类频率表实际上是两个相互叠加的独立表，一个行频率表和一个列频率表。

我们已经将交叉表格分成两个结构表，以描述如何计算总数。在行频率表中，列出并计数每行的单元格频率，并且有白领和蓝领行频率的浅绿色箭头，以及"+"和"-"符号，其显示获得行总数所需的计算。例如，白领行 Total（160）是 152 和 8 之和，而蓝领行 Total（40）是 14 和 26 之和。总计 200 是白领行总计 160 和蓝领行总计 40 的总和。

在列频率表中也有类似的计算，单元频率被计算在内，除了列是垂直的，所以买方列总数 166 是白领买方频率 152 和蓝领买方频率 14 的总和。同样，非买方列总共 34 是白领非买方频率 8 加上蓝领非买方频率 26 的总和。总计 200 现在是买方总计和非买方总计 166 和 34 的总和。

表 7-6 某花啤酒测量的列表和交叉列表

交叉表中的频率类型和百分比

		频率	百分比	消费者类型	频率	百分比
职业	白领	160	80.0	购买者	166	83.0
	蓝领	40	20.0	非购买者	34	17.0
总计		200	100.0	总计	200	100.0

频率表（交叉列表）

		购买者和非购买者		
		购买者	非购买者	总计
职业	白领	152	8	160
	蓝领	14	26	40
总计		166	34	200

行频率表（交叉列表）

		购买者和非购买者				
		购买者		非购买者		总计
职业	白领	152	+	8	=	160	白领行总计
	蓝领	14	+	26	=	40	蓝领行总计
总计						200	总计

列频率表（交叉表）

		购买者和非购买者		
		购买者	非购买者	总计
职业	白领	152	8	
		+	+	
	蓝领	14	26	
		=	=	
总计		166	34	200
		列总计购买者	列总计非购买者	总计

表 7-7 的第一个表格显示，原始频率可以除以总数，转换为原始百分比。原始百分比表包含刚才讨论的原始频率数字的百分比。样本中白领和蓝领职业受访者的原始百分比分别为 80% 和 20%。（计算方法 76%=152÷200）。

表 7-7 某花啤酒调查的交叉列表百分比表

行百分比表——职业 * 购买者交叉列表

			购买者和非购买者		
			购买者	非购买者	总计
职业	白领	百分比	76%	4%	80%
	蓝领	百分比	7%	13%	20%
总计		百分比总和	83%	17%	100%

行百分比表——职业 * 购买者交叉列表

			购买者和非购买者		
			购买者	非购买者	总计
职业	白领	百分比（按照职业）	95%	5%	100%
	蓝领	百分比（按照职业）	35%	65%	100%
总计		百分比总计（按照职业）	83%	17%	100%

列百分比——职业 * 购买者交叉列表

			Buyer or Nonbuyer		
			购买者	非购买者	总计
职业	白领	百分比（按照购买类型）	92%	23%	80%
	蓝领	百分比（按照购买类型）	8%	77%	20%
总计		百分比总计（按照购买类型）	100%	100%	100%

可以提供两个额外的交叉表格，这些表格在揭示潜在的关系方面更有价值。行百分比表显示的数据以每个行的行总数为 100% 的基数。也就是说，行单元格百分比的计算方法如下：

行百分比 = 该要素频率 / 该行所有元素的总频率

列百分比表将原始频率除以列总原始频率，即公式如下：

列百分比 = 该要素频率 / 该列所有元素的总频率

例如，使用行百分比表，很明显，在白领组中，95% 是买家，5% 是非买家。而蓝领组的结果则相反：35% 的人是买家，65% 的人是非买家。换句话说，虽然不是完全对称的，但很明显，白领倾向于购买某花啤酒，而蓝领则不然。我们可以发现存在非单调关系。这种模式或关联在列百分比表中也很明显：某花啤酒的买家主要是白领，而非买家往往是蓝领。

如示例，几个要素中个体的不平等百分比表明可能存在非单调关联。如果四个群体中的每个群体都有大约 25% 的样本下降，就不会发现存在任何关系——任何人都同样有可能是某花啤酒的买家或非买家，以及一名白领或蓝领。然而，两个特定群体中的大量人员表明，某花啤酒的买家也是白领的可能性很高，而且非买家倾向于在蓝领职业中工作。换句话说，在这个样本所代表的人群中，职业地位和个人的啤酒购买行为之间可能存在联系。

四、卡方分析

卡方分析主要用于检验分类数据的假设。它包括卡方检验和卡方分布。卡方检验是一种非参数检验，用于比较观察频数和期望频数之间的差异，从而推断分类变量之间的关系或独立性。这种方法适用于两个或多个分类变量之间的比较，以及检验实际数据是否符合某种预期分布。

观测和预期的频率统计过程如下。表 7-6 中的交叉表格包含观察到的频率，这是交叉表格中实际的单元计数。这些观察到的频率与期望频率进行比较，期望频率被定义为理论频率，理论频率是从这两个变量之间没有关联的假设推导出来的。观察到的频率偏离预期频率的程度用一个数字表示，称为卡方检验统计量。然后将计算出的卡方检验统计量与表中的卡方值（在选定的显著性水平上）进行比较，以确定计算值是否与零显著不同。同样，期望的频率是那些如果两个变量之间没有关联就会被发现的频率。记住，这是零假设。卡方分析唯一"困难"的部分是计算期望频率。计算采用下列方程式：

$$期望的频率 = 行总和 \times 列总和 \div 总计$$

这个方程的应用为每个单元格生成一个数字，如果不存在关联则会出现这个数字。回到我们的某花啤酒的例子，在 160 个白领和 40 个蓝领消费者的抽样中，发现有 166 个买家和 34 个非买家。假设没有关联，每个单元的预期频率与预期单元频率计算如表 7-8 所示。

表 7-8 使用雪花啤酒的例子计算预期频率

购买者 = 166	白领购买者 $= \dfrac{160 \times 166}{200} = 132.8$
	白领非购买者 $= \dfrac{160 \times 34}{200} = 27.2$
非购买者 = 34 白领 = 160	蓝领购买者 $= \dfrac{40 \times 166}{200} = 33.2$
蓝领 = 40 总计 = 200	蓝领非购买者 $= \dfrac{40 \times 34}{200} = 6.8$

卡方值 X^2 计算公式为

$$x^2 = \sum_{i=1}^{n} \frac{(观察值_i - 期望值_i)^2}{期望值_i} \tag{7-11}$$

观察值$_i$= 要素 i 的观察频率，期望值$_i$= 要素 i 的期望频率，n= 要素数量以某花啤酒为例，卡方值计算为：

$$x^2 = \frac{(152-132.8)^2}{132.8} + \frac{(8-27.2)^2}{27.2} + \frac{(14-33.2)^2}{33.2} + \frac{(26-6.8)^2}{6.8} = 81.64$$

由公式可知，每个期望的频率（通过减法求得）与观察到的频率进行比较，然后平方以调整任何负值并避免抵消效应。该值除以用于调整单元格大小差异的预期频率，这些数值在所有单元格中相加。如果观测频率与预期频率有很大的偏差，计算的卡方值将会较大。但是，如果与预期的频率只有很小的偏差，计算出的卡方数就会很小。换句话说，计算出来的卡方值实际上是观测到的频率离预期频率有多远的一个总结指标。因此，它表示样本发现偏离无关联的零假设。

n 个相互独立的随机变量，每个都服从标准正态分布（均值为 0，方差为 1），将这些随机变量的平方和构成一个新的随机变量，其分布规律即为卡方分布。这个新的随机变量的自由度为 n。卡方分布的曲线图向右倾斜，排斥区域总是在分布的右边尾部。图 7-5 显示了两个卡方分布的例子。

卡方分布的形状取决于自由度的数量。图 7-5 显示，自由度越大，曲线的尾部向右拉得越多。自由度越大，卡方值必须越大才能落在零假设的拒绝区域。

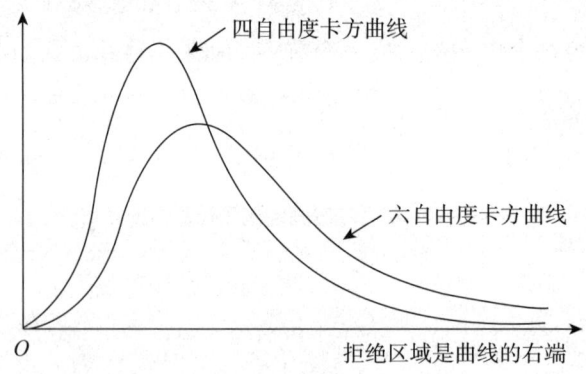

图 7-5　卡方分布例图

在交叉表格中，自由度的计算公式为：

$$自由度 = (r-1)(c-1) \tag{7-12}$$

$r=$ 行的数量

$c=$ 列的数量

卡方值表中的临界点表示在不同显著水平上的接受区域和拒绝区域。卡方值的意义得结合自由度的数量。更大的自由度意味着同等重要性水平下更高的临界卡方值。SPSS 等计算机统计分析程序都有卡方表，并显示零假设的概率。程序本身将考虑自由度的数量，并确定支持零假设的概率。

小链接：如何解释卡方结果

如何解释卡方检验结果？如果研究人员用独立的样本多次重复这项研究，卡方分析产生了对零假设的大量支持。例如，如果卡方分析产生一个 0.02 显著性水平的零假设，研究人员会得出结论，支持零假设的概率只有 2%。由于无效假设不被支持，这意味着存在显著的关联。通常，确定计算出的 X 平方分布值的显著性就够了。

卡方分析仅确定两个变量之间是否存在统计上显著的非单调关联性，并不能表示关联的性质，它只能粗略地通过关联的大小来表示关联的强度。也就是说，卡方检验是我们的另一个"信号灯"，它告诉我们是否值得检查所有这些行和列的百分比。

第四节 回归分析

回归分析指的是确定两种或两种以上变量间相互依赖的定量关系的一种统计分析方法。回归分析按照涉及的变量的多少，分为一元回归和多元回归分析；按照因变量的多少，可分为简单回归分析和多重回归分析；按照自变量和因变量之间的关系类型，可分为线性回归分析和非线性回归分析。

一、双元线性回归

直线关系是回归的基础，它是一个强大的关系分析工具。图 7-6 演示了一个直线关系。直线关系的公式如下：

$$y = a + bx \qquad (7\text{-}8)$$

此时

$y=$ 预测变量

$x=$ 用来预测 y 的变量

$a=$ 截距，或当 $x=0$ 时直线与 y 轴相交的点

$b=x$ 的任意单位变化的斜率或 y 的变化

当两个变量的散点图显示为一个薄椭圆时，它们之间存在很高的相关性。回归与相关性直接相关，但它在相当程度上扩展了相关性。

本节首先定义回归模型中的变量，并展示如何计算截距和斜率。然后使用 SPSS 的输出结果来说明如何解释检验的显著性。

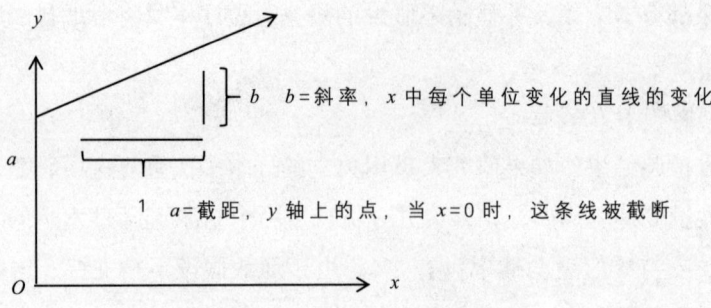

图 7-6　直线关系演示图

独立变量和相关变量是二元回归分析涉及的两个变量。当我们只使用两个变量时，一个称为因变量，另一个称为自变量。因变量是预测的变量，在回归方程中通常用 y 表示。自变量是用来预测因变量的，回归方程中用 x 表示。自变量和因变量之间是影响关系，而非因果关系。SPSS 是用最小二乘法计算回归方程的截距和斜率。

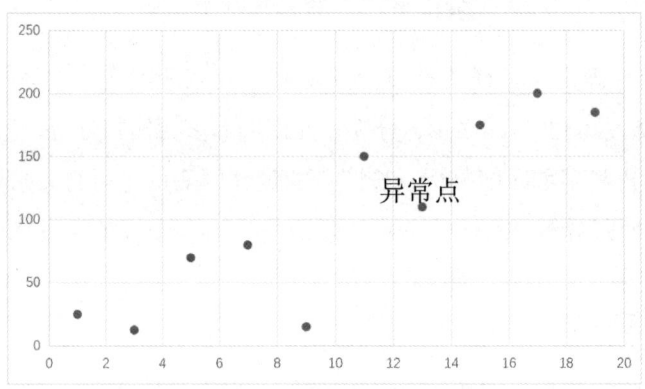

图 7-7　有异常点的效果

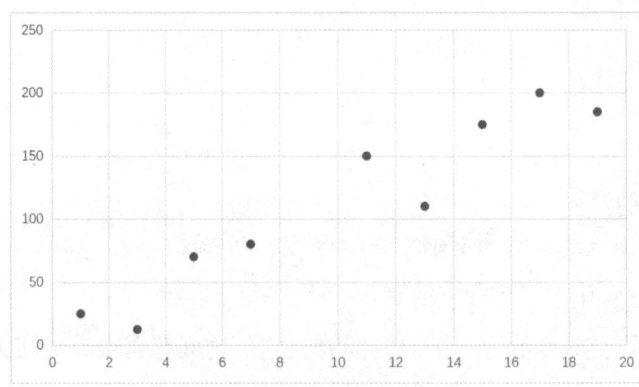

图 7-8　去除异常点的效果

最小二乘直线的概念如图 7-7A 和图 7-8 所示，其中一条直线是通过散点图中的点画出来的。每个点都有一条垂直线将它与该线连接起来。最小二乘准则保证画出的直线使这些垂直线的和是最小值。最小二乘准则保证直线是残差总平方最小的直线。每个残差的平方避免了正负残差的消去效应。

二、多元回归

多元回归分析是双变量回归分析的扩展，回归方程使用了多个自变量。回归图不再是二维的（二元的），而是多维的（多元的）。

假设销售人员的数量作为自变量，区域销售作为因变量。广告水平作为第二个自变量，添加到等式。第二个变量的加入使得回归线变成了一个回归平面。如果用图来表示的话，会有三个维度：区域销售（y）、销售人员数量（x_1）和广告水平（x_2）。多元回归方程的形式如下：

$$y = a + b_1 \times x_1 + b_2 \times x_2 + b_3 \times x_3 + \cdots + b_m \times x_m \quad (7-13)$$

$y=$ 因变量或预测变量

$x_i=$ 自变量 i

$a=$ 截距

$b_i=$ 自变量 i 的斜率

$m=$ 方程中自变量的数目

其他自变量的加入只不过是将 b_ix_i 加入方程中。公式仍然保留了基本的 $y=a+bx$ 直线公式。每个 x 变量都被加到方程中，通过它的斜率来改变 y。多个回归分析仍然是直线假设，具有可加性。

示例：购买意向多元回归方程

购买产品的多元回归方程	购买意向 = 2+ 1.0 × 对发动机的态度（1~5 分）–0.5 × 对现有汽车的态度（1-5 分）+ 1.0 × 收入水平（1-10 分）	$a=2$ $b_1=1.0$ $b_2=-.5$ $b_3=1.0$

购买意向 =2+1.0× 对发动机的态度（1-5 分）–0.5× 对现有汽车的态度（1-5 分）+1.0× 收入水平（1-10 分）

由多元回归方程系数可知，如果得知三个自变量的值，就可以预测消费者购买产品的意愿水平：①对产品的态度；②对现有汽车的态度；③收入水平。同时可以看到每个自变量对购买意向的影响。

对多元回归的解释：首先，普通人有一个2单位的购买意向。对发动机的态度是用1-5量表来衡量的，每增加一个量表点，购买意向上升一个点。对于目前已有汽车的态度（例如，一个潜在的汽车买家可能拥有一辆凯迪拉克或宝马），购买意向在5分制的每个等级下降0.5。最后，购买意向随着收入水平每增加1单位，而增加1个量级。

例如，潜在买家对发动机的态度是4，对现有汽车态度是3，收入是5。

购买意向值	购买意向 =2 +1.0×4 -.5×3 +1.0×5 =9.5	截距 =2 对发动机的态度（×1）=4 对现有汽车的态度（×2）=3 收入水平（×3）=5

多元回归是一个非常强大的工具，帮助识别哪些因素与因变量有关，每个因素如何影响因变量（正向还是负向），以及每个因素影响因变量的程度（系数 b_i 的大小）。通过多元回归可以检验自变量与因变量之间线性关系的强度。

多元回归模型假设自变量之间必须具有独立性和不相关性。自变量之间存在中等或强的相关性被称为多重共线性，当它发生时，将违反多元回归的独立性假设。如果存在多重共线性，则由研究人员测试和去除。

多重共线性可通过计算多个统计量来识别，如方差膨胀因子（VIF）。VIF是为每个自变量计算的数字，根据经验法则，只要VIF小于10，多重共线性就与该自变量无关。如果VIF大于10，应该从自变量集中移除该变量，并重新运行多元回归。使用该迭代过程，直到获得可接受的VIF。

三、逐步回归

逐步回归分析方法的基本思路是从大量可供选择的变量中选取最重要的变量，建立回归分析的预测或者解释模型。其操作过程为：将自变量逐个引入，引入的条件是其偏回归平方和是显著的。同时，每引入一个新的自变量后，要对旧的自变量逐个检验，剔除偏回归平方和不显著的自变量。这样一直边引入边剔除，直到既无新变量引入也无旧变量剔除为止。它的实质是建立"最优"的多元线性回归方程。

依据上述思想，可利用逐步回归筛选并剔除引起多重共线性的变量，其具体步骤如下：先用自变量（或称被解释变量）对每一个所考虑的因变量（或称解释变量）做简单回归，然后以对被解释变量贡献最大的解释变量所对应的回归方程为基础，再逐步引入其余解释变量。经过逐步回归，使得最后保留在模型中的解释变量既是重要的，又没有多重共线性。

（一）逐步选元法

逐步选元法选择变量的方法有向前法和向后法。

1. 向前法

向前法的思想是变量由少到多，每次增加一个，直至没有可引入的变量为止。具体步骤如下。

步骤 1：对 p 个回归自变量 X_1，X_2，$\cdots$，X_p，分别同因变量 Y 建立一元回归模型

$$Y = \beta_0 + \beta_i X_i + ?, i = 1, \cdots, p$$

计算变量 X_i，相应的回归系数的 F 检验统计量的值，记为 $F_1^{(1)}, \cdots, F_p^{(1)}$，取其中的最大值 $F_{i_1}^{(1)}$，即

$$F_{i_1}^{(1)} = max\left\{F_1^{(1)}, \cdots, F_p^{(1)}\right\}$$

对给定的显著性水平 α，记相应的临界值为 $F^{(1)}$，$F_{i_1}^{(1)} \geqslant F^{(1)}$，则将 X_{i_1} 引入回归模型，记 I_1 为选入变量指标集合。

步骤 2：建立因变量 Y 与自变量子集 $\{X_{i_1}, X_1\}, \cdots, \{X_{i_1}, X_{i_1-1}\}$，$\{X_{i_1}, X_{i_1+1}\}$，$\cdots$，$\{X_{i_1}, X_p\}$ 的二元回归模型（此回归模型的回归元为二元的），共有 $p-1$ 个。计算变量的回归系数 F 检验的统计量值，记为 $F_k^{(2)} (k \notin I_1)$，选其中最大者，记为 $F_{i_2}^{(2)}$，对应自变量脚标记为 i_2，即

$$F_{i2}^{(2)} = max\left\{F_1^{(2)}, \cdots, F_{i_1-1}^{(2)}, F_{i_1+1}^{(2)}, \cdots, F_p^{(2)}\right\}$$

对给定的显著性水平 α，记相应的临界值为 $F^{(2)}$，$F_{i_2}^{(1)} \geqslant F^{(2)}$ 则变量 X, 引入回归模型。否则，终止变量引入过程。

步骤 3：考虑因变量对变量子集 $\{X, XX\}$ 的回归重复步骤 2。

依此方法重复进行，每次从未引入回归模型的自变量中选取一个，直到经检验没有变量引入为止。

2. 向后法

向后法与向前法相反，开始时先拟合包含所有自变量的回归方程，并预先制定留在回归方程中而不被剔除的自变量的假设检验标准。然后按自变量对因变量的贡献大小从小到大进行检验，对无统计学意义的自变量依次剔除。每剔除一个自变量，都要重新计算并检验尚未被剔除自变量对因变量的贡献并决定是否剔除对模型贡献最小的自变量。重复上述

过程，直到回归方程中的自变量均符合留在方程中的给定标准，没有自变量可被剔除为止。在整个过程中只考虑剔除自变量，自变量一旦被剔除，则不再考虑引入回归方程。

（二）SPSS 进行逐步多元回归分析

常用 SPSS 软件进行多元回归分析，通过使用"分析—回归—线性回归"命令序列来执行逐步多元回归。因变量和自变量在各自的窗口中选择。要指导 SPSS 执行逐步多元回归，使用"Method"下拉菜单选择"Backward"。随着逐步多元回归的输出，自变量的信息将从基于非显著性的多元回归方程中剔除，SPSS 逐步多元回归还将考虑 VIF 值，以确保不存在多重共线性。

案例分析 7-1：趣味体验餐厅调查回归分析

王迪恩是个有抱负的餐馆老板，也是一个非常快乐的露营者。基于专家监督和 SPSS 分析结果，王迪恩很清楚餐厅需要什么样的功能，餐厅选址在哪里，甚至如何做广告。

王迪恩星期五早上给罗杰打电话说："罗杰，我对你提出的趣味体验餐厅感到非常兴奋。我想下周和银行家开个会，向他推销融资。你能在那之前把最终报告给我吗？"

罗杰沉默了一会儿，然后说："于里正在做数据分析，并且整理表格。我们需要通过最终的一组分析来解决目标市场的定义问题。"

你在本案例中的任务是扮演于里的角色，使用趣味体验餐厅 SPSS 数据集，进行适当的分析，并解释 SPSS 运行结果。

（1）趣味体验餐厅的目标市场是什么？

（2）如何比较趣味体验餐厅的目标市场？

（3）体验餐厅的特色是什么，请用多种回归分析进行测试，并解释运行结果。

案例分析 7-2：汽车市场调研回归分析

经过严格的申请和审查过程（包括与罗杰和司朗的两次艰苦的面试），你被某研究公司录用了。今天是星期一，今天是你市场营销实习的第一天。现在是早上九点，你和司朗一起在罗杰的办公室。

罗杰说："我们知道今天是你作为研究公司市场营销实习生的第一天，但是我们现在有许多必须尽快完成的工作。正如我前几天告诉你的，司朗和我对你运用 SPSS 的能力以及对回归和方差分析等更高级统计分析的理解印象深刻。所以，我们会让你马上给我们展示你的作品。"

罗杰继续说："我们正处于为汽车概念进行的一项重大调查的最后阶段。他们正在考虑投资数百万元开发五款汽车。我们已经为他们提供了大量的分析数据，他们正在缩小开发列表的范围。我想再给他们一组调查结果。具体来说，我想给他们每一个可能的模型的目标市场定义！也就是说，使用多种回归分析作为筛选工具，我们需要确定对全球变暖和驾驶习惯的重要人口统计数据和态度，这些独特地定义了这些偏好。"

司朗接着说："我可以给你一份 SPSS 数据集的副本，你可以使用 SPSS 变量视图或实用工具 – 变量来查看这个调查的代码手册。"

罗杰说："太好了。我相信你会在这项任务上做得很好。司朗和我还有几个小时就要赶飞机了，接下来的三天我们都不在城里。但是你可以打电话，发短信，或者发邮件。我们定在周四上午 9 点开会，你可以给我们看看你的发现。"

你作为新的营销实习生。回想一下，数据集是用城镇大小、教育程度等的中点值记录的。所以这些变量现在是符合回归分析要求的比例变量。进行适当的分析，以确定人口统计和（或）态度因素相关的偏好，每个汽车模型的考虑。对每一个汽车模型，准备一个总结。

（1）列出统计上显著的自变量（使用 95% 的置信水平）。

（2）解释每个统计显著的自变量相对于有关汽车模型的偏好的关系的方向。

（3）识别或区分每个具有统计学意义的自变量的相对重要性。

（4）评估统计显著的自变量的强度，因为它们加入预测有关汽车模型的偏好。

实训题：趣味体验餐馆调查关联分析

罗杰打电话给他的营销实习生于里说："我要去参加某个营销研究活动，但是需要你在趣味体验餐厅调查上取得进展。我知道你可能对这个项目有点迷茫，但是你为什么不看看这个提案，看看是否有任何进一步的分析，你可以在我不在的时候做。"于里看着那里的搜索建议，并草草记下一些关于需要解决的研究问题的笔记。接下来是于里的笔记。

（1）趣味体验餐厅的首选驾驶时间是否与其可能的特点相关（正面或负面）？换句话说，开车 30 分钟或更少的偏好与趣味餐厅其他可能的特点（如海滨景观、正式的服务员着装等）有什么关系？

（2）菜单偏好是否与年龄有关？也就是说，老年人或年轻人是否想要不寻常的甜点和（或）不寻常的主菜？

（3）使用变量来区分趣味体验餐厅的"可能的顾客"（可能光顾 =1 或 2）和"不可能的顾客"（不可能光顾 =3、4 或 5）。如果可能的顾客构成趣味体验餐厅的目标市场，这个目标市场的人口构成是什么？使用性别、婚姻状况和邮政编码的人口统计信息。

（4）可以利用一些营销杂志等广告媒介进行促销吗？

思考题：

（1）解释统计关系和因果关系之间的区别。

（2）定义并提供下列每种关系类型的示例：线性关系、非线性关系、非单调关系和单调关系。

（3）将两个变量之间关系的三个不同方面联系起来。

（4）简要描述以下内容之间的联系：协变、散点图、相关性和线性关系。

（5）用散点图表明以下每种情况下数据点散点的一般形状：强正相关，弱负相关，无相关，相关度 –0.98。

（6）显著相关是什么意思？

（7）什么是交叉表格？请举一例。

（8）什么是卡方分析？请举例说明。

第八章 市场预测原理

【学习目标】
◎了解市场预测的含义
◎掌握市场预测的程序
◎熟悉市场预测精确度的测定方法
◎掌握提高市场预测精确度的措施

引例:"双11"市场预测

2024年中秋一过,商家便开始为全年最重要的大促"双11"摩拳擦掌。虽说提前"蓄水"已是共识,但消费市场和电商行业不断演进,每年"双11"仍有新变化和新挑战。

今年,商家为了"先人一步",使得"蓄水"动作愈发前置且更为精细化,如何高效积累潜在客户并在后续快速回流转化会是主要难点。理性消费趋势下大众需求层次悄然提升,衍生出不少新消费趋势,这也为"蓄水"增添了复杂性。同时电商行业变化也颇多,加之人工智能(AI)技术落地还催生不少创新产品,如何有效整合运用产品资源去"蓄水"也是挑战。

就拿某宝某猫来看,过去一年其动作相当密集,包括上线新产品"全站推广"、优化运费险策略,升级仅退款识别模型、售后服务工具等,其背后的营销操盘手某里也在生态大会上发布了效果、品牌、内容营销等一系列产品的升级点和新能力。

纷繁复杂的变化,商家该如何保持方向感?有一个不变的核心策略其实是可以紧握在手的——通过投入品牌营销,积累用户资产,这正是"蓄水";以效果产品工具协同,所蓄之水便能尽快转化沉淀。总结来看,"品效联动"这个概念又来到了视野中心。

思考题:商家如何做"双11"的市场预测?
答案:参考往年的销售数据,新产品、新品牌的竞争作用。

第一节 市场预测概述

企业市场营销活动的主旨在于了解和把握消费者的需求,以便最大限度地适应和满足消费者的需求,从而实现效益最大化。因此,作为市场经济主体,企业必须深入研究和掌握市场需求状况及其他市场信息,不仅需要着眼于现实,更需要把握未来、超前思考。市场预测是及时进行这种分析与研究的方法,市场预测的结果也成为企业决策的重要依据。

市场预测为企业经营决策服务,通过市场预测可以提高企业管理的科学水平,降低决策的盲目性。企业需要通过预测来把握经济发展或者未来市场变化的有关动态,降低不确定性,降低决策可能遇到的风险,使决策目标得以顺利实现。

一、预测与市场预测的含义

(一)预测的含义

预测是指对未来不确定事件的一种估计和推测。预测是研究未来的,被称为"探索未来之窗"。人们之所以要研究未来,就是为了更好地指导自己当前的行动。预测很早就存在于人们的生活、生产实践和政治活动之中。例如,天气预报、农作物收成的估计、政治和军事局势的推测等。人类预测实践经验的不断积累为预测科学发展奠定了坚实的基础。随着科学技术和生产力的不断发展,新技术、新工艺的不断涌现,企业竞争变得日益激烈,政治的多元化和经济的全球一体化趋势等,给人类带来了许多新问题和新事物,使人们日益认识到预测未来的重要性。预测不但是一瞬间的判断结果,而且是一个活动过程,预测活动实际上是通过对预测对象的相关信息进行研究,找到预测对象的变化规律,然后根据对未来条件的了解和分析,利用规律推测对象的未来状态,并对其进行评价的过程。

预测的研究范围很广,几乎涉及自然界和人类社会的各个领域,如经济预测、社会发展预测、科学技术预测、自然灾害预测、疾病预测等,其中每个领域的预测又可以细分为许多分支。以经济预测为例,其可按部门分成工业经济、农业经济、商业经济、财政、金融等的预测。也可按行业分为机械行业预测、食品行业预测、房地产行业预测、医药行业预测等。每一个分支还可再细分为若干专题预测、如需求预测、资源预测、价格预测等。

(二)市场预测的含义

市场预测是经济预测的一个分支。所谓市场预测,是指在市场调查获得的各种信息和资料的基础上,通过分析研究,运用科学的预测技术和方法,对市场未来的商品供求趋势、影响因素及其变化规律所做的分析和推断过程。

市场预测是市场经济发展的产物。商品生产经营者总希望自己的生产经营活动在未来能取得成功。最初的市场预测,早在小商品经济时代就已经出现,只不过比较简单,主要依靠生产经营者的直觉和经验。随着市场经济的发展,生产社会化程度的提高,生产经营者的生产经营活动涉及的范围越来越广，影响市场变化的因素也越来越多、越来越复杂。生产经营者如果不通过科学的市场预测来把握市场变化的脉搏，就难以适应瞬息万变的市场，也难以在竞争激烈的市场中取胜。

二、市场预测的基本条件

市场预测是经济预测的一个分支，是一种特殊的经济分析过程，为了实现这一经济分析过程，必须具备以下几个方面的条件。

（一）要以一定的经济理论为指导

市场预测既然是经济预测的一个分支，必然要受到一定经济理论的指导。我国目前正处于社会主义市场经济体制深刻变革的进程中，市场预测应以马克思主义政治经济学原理为基础。马克思主义政治经济学的研究对象是社会生产关系及其发展规律，而社会生产关系及其发展规律，是在人类物质资料生产过程中形成和存在的。离开了人类的物质资料生产，也就不存在人们在生产过程中的相互关系，更不会产生反映生产关系发展变化的客观经济规律，因此物质资料生产是马克思主义政治经济学研究的出发点。微观预测以微观经济理论为依据，如新古典经济学派的厂商行为理论、供求理论以及生产函数理论等。

（二）要有全面的调查统计资料作为分析依据

市场预测是否准确取决于是否有全面、系统、准确的市场调查统计资料作为分析依据。市场预测工作应重视数据和有关资料的收集、整理和分析，完善数据系统，以确保市场预测所需要的各类数据和资料，使预测建立在充分的信息基础之上。离开了全面、系统、准确的市场调查统计资料，便丧失了预测的科学性，预测的结果也不可信。

（三）要有科学的预测手段和预测方法

由于市场经济的发展，市场经济中需要处理的各种数据越来越多，影响预测过程和结果的变数也越来越多，如果不采用先进的预测手段和科学的预测方法，预测的目标便无法实现。预测的手段主要是指市场调查研究的手段和计算工具，如计算机、通信器材和交通工具等。预测的方法有定性预测方法与定量预测方法。

（四）要建立专门的预测组织机构，培养市场预测人才

市场预测涉及的范围大、专业性强，因此建立和健全不同部门、不同地区、不同层次的市场预测组织机构，健全市场预测网络，统一市场预测指标体系，规范市场行情报表和报告制度，培训一批市场预测专家，是做好市场预测的重要先决条件。同时应重视市场预

测人才的培养工作。市场预测的水平取决于市场预测人员的专业性,市场预测工作需要既懂生产技术、经济理论、市场发展,又懂市场预测理论和方法的人才,这样才能准确地进行市场预测,把握市场发展的动态。

三、市场预测的特点

(一)市场预测的目的性

市场预测是为企业生产经营或市场营销决策服务的,企业的市场决策应以科学的预测结果作为基础,通过分析比较,选取最优方案。可见,市场预测是市场决策的先导,是市场决策科学化的前提,如果没有准确、科学的市场预测,就没有市场决策的成功。市场预测首先必须明确市场预测的目的,即"为什么要进行市场调查预测"。只有目的明确,才能确定向谁调查、调查预测什么以及采用什么方法调查预测。

(二)市场预测的科学性

市场预测方法有以数理统计为核心的定量分析预测方法和以理论分析为核心的定性分析预测方法。预测程序的科学性及预测推理的逻辑性是考察预测结论的主要依据。市场预测是一种科学的预见,不带有主观随意性或毫无根据的随心所欲的臆测。市场预测依据收集的大量历史资料和现实资料,运用科学的预测方法,通过分析研究,在探求事物演变的过程、特点、趋势和规律的基础上,有效地预测未来的发展变化。

(三)市场预测的综合性

市场预测是一门复杂的学科,它要求运用多种多样的定性分析和定量分析的方法,对大量市场预测资料进行综合分析,在把握市场发展趋势和规律的基础上,对市场未来的变化做出综合性的推断,并对预测结果进行多方面的慎重的求证,才能确保预测结果的准确性和科学性。

(四)市场预测的局限性

市场预测是研究未来状态的,但客观事物的未来状态受一系列不确定因素影响,如未来的发展趋向、规模、水平、结构等会发生怎样的变化往往不能确定,因此,市场预测的结果与未来的实际很难完全吻合,即市场预测存在一定的局限性。局限性具体体现在可能出现预测误差。一是量的误差,预测结果与实际结果在数量上有一定的偏差;二是质的误差,预测结果与实际结果完全背离,两者完全相反。综合来看,市场预测的误差是客观存在的。预测者应防止质的误差,并尽量把量的误差降低到较低的程度。

四、市场预测的内容

市场预测的内容十分丰富，由于市场的主体及性质不同，市场预测的目的、要求及内容也不同。一般来说，任何市场均可围绕市场环境、市场需求、市场供给等方面开展预测。不同性质的市场在预测业务、预测范畴、预测条件等方面存在差别。从商品市场角度来看，市场预测的内容主要有以下几个方面。

（一）市场环境预测

市场环境预测是在市场环境调研的基础上，运用因果性原理和定性与定量分析相结合的方法，预测国际、国内的社会、经济、政治、法律、政策、文化、人口、科技等环境因素的变化会对特定的市场或企业的生产经营活动带来什么样的影响，并寻找适应环境的对策。例如，家庭结构的变化，对产品的需求会带来什么样的影响；人口老龄化带来了哪些商机；产业政策、货币政策、就业政策、能源政策等政策调整，对企业的生产经营活动有什么样的作用，应如何利用这些政策；国际政治局势的变化对国内企业有何冲击，应采取什么样的应对策略等，都是市场环境预测的具体内容。市场环境预测应收集外部环境变化的信息，分析环境变化带来的威胁和机会，才能得出较为客观的预测结论。

（二）市场需求预测

市场需求预测是指通过对消费者的购买心理和消费习惯的分析，以及对国民收入水平、收入分配政策的研究，推断社会的市场总消费水平。市场需求预测是市场研究中最重要的一部分，也是最复杂的一部分。其内容具体如下。

（1）对某一种或几种产品潜在需求的预测。

（2）对潜在供应的估计。

（3）对产品市场渗透程度的估计。

（4）某段时间内潜在需求的定量和定性特征。

（三）市场供给预测

市场供给预测是指对特定时空内的市场供应量、供应水平、供应结构、供应变动因素等进行分析预测。市场供给的大小直接能够反映市场供应能力的大小，它是决定市场供求状态的重要变量。市场供给预测也是市场预测的重要内容。一般来说，我们应在市场供给调查的基础上，运用合适的预测方法对商品的生产量、国外进口和其他供应量等决定供应总量的变量进行因素分析、趋势分析和相关分析，在此基础上，再对市场供应量和供应结构的变化前景作出预测推断。

（四）消费者购买行为预测

消费者购买行为预测是在消费者调查研究的基础上，对消费者的消费能力、消费水平和消费结构进行预测分析，揭示不同消费群体的消费特点和需求差异，判断消费者的购买习惯、消费倾向、消费偏好等有何变化，研究消费者购买什么、何时购买、购买多少、何处购买、由谁购买、如何购买等购买行为及其变化，为企业市场潜力测定、目标市场选择、产品研发、营销策略制定提供依据。

（五）产品市场预测

产品市场预测是对产品的生产能力、生产成本、价格水平、市场占有率、市场覆盖率、技术趋势、竞争格局、产品要素、产品组合、品牌价值等进行预测分析。产品市场预测为企业明确产品的市场前景，制定有效的营销策略提供依据。

（六）产品销售预测

产品销售预测是指在充分考虑未来各种影响因素的基础上，根据历史销量以及市场上对产品需求的变化情况，对未来一定时期内产品的销量变化所进行的科学预计和推测。具体是指对产品销售规模、销售结构、产销存平衡状态、销售变化趋势、销售季节变动规律、产品的市场占有率和覆盖率、客户分布、销售渠道变动、销售费用与销售利润变动等作出预测分析，寻求提高产品销售量的途径。

（七）市场竞争格局预测

市场竞争格局预测是对产品的同类企业的竞争状况进行预测分析。市场竞争格局预测包括对竞争对手产品产量的分布格局，产品销售量的分布格局，产品行销区域格局，以及产品质量、成本、价格、品牌知名度和满意度、新产品开发、市场开拓等要素构成的竞争格局及其变化态势进行分析、评估和预测。市场竞争格局预测可以从行业的角度进行，也可以从企业的角度进行。

（八）企业经营状况预测

企业经营状况预测是利用企业内部的统计数据、财务数据和有关的市场调查资料，对企业的资产、负债、权益、收入、成本、费用、利润等方面，以及经营效率、偿债能力、盈利能力的变化趋势进行预测分析。企业经营状况预测的目的在于正确掌握企业的资产配置和经济效益的发展趋势，以寻求资源优化配置和提高经济效益的途径。

五、市场预测的作用

（一）为制订科学的计划和规划提供依据

我国各项国民经济和社会发展计划和规划，在其制订过程中要依据各方面的资料，其中市场统计资料和市场预测资料是很重要的内容。科学系统的市场预测资料为决策和政策的科学性提供了保证。市场预测资料对于政策制定者来说，是直接有效反映市场的，是制定各项政策所不可缺少的依据。

（二）是企业营销管理决策的必要条件

一个有效的企业管理决策没有市场预测是不成功的。有效的企业管理决策需要有科学的市场预测数据作为依据。

市场预测可以为企业提供一定时间、一定空间、一定商品需求数量及其他有关信息，是企业组织营销活动的重要依据之一。在市场预测基础上进行的企业营销活动，可以大大降低企业营销的盲目性，节约企业成本，加速商品流通，提高企业经济效益。

企业的营销决策涉及两个方面：一是确定企业的营销战略；二是确定企业的营销策略。营销战略的确定涉及市场细分、确定目标市场及市场定位；营销策略的确定主要涉及产品、价格、分销、促销策略。不管是企业营销战略的确定还是企业营销策略的确定，市场预测都是必不可少的。

（三）对社会生产的合理化起促进作用

随着我国经济水平的飞速提高，社会需求不断发展变化，需求总量在不断增长，需求的多样化、多层次化、个性化也在不断发展，这就要求我国的生产能力也要不断增长，各种商品的生产朝着多样化、多层次化、个性化的方向发展，这样市场预测就起到了很重要的作用。市场预测为社会生产提供准确的、全面的、系统的预测数据，大大降低了生产的盲目性，增强了生产的自觉性与有序性。对于促进商品总量的供求平衡，商品类别和主要商品的供求平衡，合理地调整产业结构等方面都起着非常重要的作用。

（四）对促进和满足消费需求有显著作用

社会生产与消费是紧密联系的，生产的目的就是满足人民群众不断增长的物质和文化生活需要。市场预测在满足需求和促进消费方面也起着重要作用。通过市场预测，人们可以全面系统地了解需求状况，包括需求数量、需求结构和需求发展变化的规律等，向生产企业提供科学可靠的信息，使消费者的各种需求能得到满足，使生产和消费需求结合得更加紧密。

第二节　市场预测的程序

为了成功进行市场预测，预测者必须对预测的过程加强组织，按照预测工作的客观规律，有计划、有目的、系统地完成市场预测各环节的任务。市场预测的程序大致可以分为以下几个环节。

一、确定预测目标

确定预测目标，也就是确定预测所需要解决的问题。确定预测目标，使预测工作获得明确的方向与内容，人们可以据此筹划该项预测的其他工作。明确预测目标，是开展市场预测工作的第一步，因为预测的目标不同，预测的内容和项目、所需要的资料和所运用的方法都会有所不同。明确预测目标，就是根据经营活动存在的问题，拟定预测的项目，制订预测工作计划、编制预算、调配力量、组织实施，以保证市场预测工作有计划、有节奏地进行。

二、确定影响因素

市场预测目标确定之后，接下来必须详细分析影响该预测目标的各种因素，并从中选择最主要的影响因素。确定影响因素应注意以下原则。

（一）根据预测目标确定影响因素

我们可以根据预测目标，考虑相关的经济理论，通过实际观察与分析，来确定影响因素。例如，为了预测商品的市场需求量，其影响因素应包括：人口总量；人口的年龄结构；人口增长与流动；消费者收入与支出水平；消费者的储蓄习惯；消费者购买心理；消费者购买习惯与偏好；商品价格与品质；商品所处生命周期的阶段；同类商品与替代品的竞争趋势；政府相关政策规定等。若为了预测商品的供应量，则应从生产厂家的生产能力与生产条件分析其影响因素。显然，市场需求量与商品供应量预测的影响因素是不同的。

（二）确定的影响因素应尽可能详细

确定的影响因素详细程度，直接关系着预测结果的精确度。预测对象的发展趋势是很多因素共同作用的结果，只有尽可能充分地把这些影响因素的作用考虑进去，才能较准确地反映预测对象的未来发展。因为预测者的认识有局限性，有些影响因素具有隐蔽性，同时有些影响因素虽然被确认，但其历史与现实资料却难以收集，所以预测存在一定的局限性。为了尽可能保证市场预测的准确性和科学性，确定的影响因素越详细越好。

（三）归纳最主要的影响因素

实际预测工作要求用尽可能少的因素较充分地反映预测目标，以便预测工作得以简化。在精确达到要求的前提下，最有效的途径就是通过分析，从众多的影响因素中，挑选最主要的影响因素。为此，我们要学会善于运用定性和定量的方法。在实际预测工作中，预测目标及确定的主要影响因素，均须转换为相关变量，用一系列的指标来表示。

三、收集整理资料

收集整理资料是市场预测的基础性工作。市场预测必须以充分的历史与现实资料为依据。在市场预测中，市场预测的准确性取决于所收集资料的准确性与全面性。市场预测所需资料的调查、收集、整理是市场预测非常重要的步骤。

（一）资料的收集

市场预测所需的资料有历史资料和现实资料两大类。

1. 历史资料的收集

历史资料是指企业已经建档和各级统计机构发布或经报刊、会议文件等其他途径发布的各种经济与社会发展资料。例如，全国或各地区历年人口状况的数据；全国或各地区的城乡劳动者就业状况及其发展变化情况；全国或各地区居民家庭户数量及其发展变化情况，平均家庭人口数状况及其发展变化情况；社会购买力数据；全国或各地区历年货币流通数量，购买力数量及构成，城乡居民储蓄存款数量及发展变化情况；全国或各地区商品生产与销售情况资料；企业经营的各项财务指标；等等。人们从历史资料的分析中可以认识与揭示预测对象系统的运动规律，从而预测未来发展趋势。分析和研究市场及各种影响因素的历史资料，充分运用其历史资料，是保证市场预测客观地对市场未来状况和发展变化趋势作出估计的基本条件。

2. 现实资料的收集

市场预测的现实资料是指进行预测时或预测期内有关经济与社会发展的各种影响因素的资料。市场预测所需的现实资料，一般是预测者根据需要对市场进行一手资料调查的结果，也可以是各种调查机构的已有资料。例如，全国或各地区在市场预测时及预测期内的人口数量及人口结构等资料；全国或各地区在市场预测时或预测期内居民购买力数量及其发展趋势；全国或各地区在市场预测时和预测期内生产数量及结构的状况和变动趋势；等等。此外，现实资料还特别注重从较小的市场范围内，如对商品的生产、销售、市场需求等进行的调查与收集，为企业的生产与营销决策提供依据。

（二）资料的整理

资料收集全面以后，就必须对资料进行加工整理，主要是对反映市场现象总体特征的资料根据预测的目标，结合市场现象自身的特点，进行分组、分类，使这些资料系统化、条理化，使之成为反映市场现象总体特征的资料。经过加工整理的资料才能满足市场预测的需要。对历史资料的整理是进行再整理的过程，因为人们积累下来的市场及各种影响因素的历史资料是已经经过整理的。在市场预测前再进行整理，主要是为了更好地满足预测者研究问题的需要。由市场预测者组织的各种调查所得到的那一部分现实资料，则是初次加工整理。资料的整理还包括对资料进行校核、资料的分类以及对变量序列的编制三个环节。

四、进行分析判断

分析判断是市场预测的关键环节。这一阶段要将收集的历史资料与现实资料进行系统的分析，并对市场发展趋势进行实质性的判断。分析判断的主要内容包括以下几个方面。

（一）对各种市场影响因素同市场需求的依存关系进行分析判断

1. 宏观经济发展形势对市场需求的影响分析

宏观经济的结构性调整、投资规模与重点、经济发展的速度、国家财政状况等，对市场需求的推动强度均有直接影响。例如，房地产业的发展是推动建材市场需求上升的主要动力。我们可根据预测目标，选择宏观经济指标中的若干关键因素加以考察，对它们的影响强度作出评估，将依存关系转换成一定的系数关系。

2. 居民的生活质量与生活水平对市场需求的影响分析

居民生活质量诸如居民的收入和消费水平、商品的种类和质量、就业情况、居住条件、环境状况、教育程度、卫生设备和条件、社区团体种类和参与率、社会安全或社会保障等指标，对于市场需求结构有直接的影响，还决定着对商品的需求层次。

3. 进出口贸易对市场需求的影响分析

一个国家对外贸易商品结构主要是由该国的经济发展水平、产业结构状况、自然资源状况和贸易政策决定的。发达国家对外贸易商品结构是以进口初级产品、出口工业制成品为主；而发展中国家的对外贸易商品结构则以出口初级产品并进口工业制成品为主。进出口贸易的结构与规模对市场需求结构与需求量有直接影响，当然对商品资源结构及资源量同样有直接影响。因此，国内市场与国际市场预测的关联性与依存性也不可忽略。

（二）对预测期内商品的产供销关系进行分析判断

1. 对市场趋势进行分析判断

市场趋势分析是指运用科学方法，对市场的需求和某些商品销售趋势进行估计和预测。它是决定拟建项目是否有建设必要和生产规模的关键因素。按分析范围划分，它可以分为宏观市场趋势分析和微观市场趋势分析。宏观市场趋势分析是从本国国情出发，从总体上对市场上投放的全部商品总的需求趋势进行预测分析，它是国家制定社会和经济发展规划及有关方针政策的重要依据之一。微观市场趋势分析是对个别商品的供求趋势进行预测分析，它是企业制订生产、经营计划的重要依据之一。

2. 对商品资源趋势进行分析判断

商品资源是指在一定时期内，可以投放市场出售的商品。商品资源预测是进入市场的商品资源总量及其构成和各种具体商品市场可供量的变化趋势的预测。它同市场需求预测结合起来，可以预见未来市场需求矛盾的变化趋向。人们只有在摸清商品资源的基础上，预测各种商品的发展前景，才能结合市场需求的变化较精确地预测市场供求关系的发展趋势，作出正确的经营决策。

3. 对商品的供需平衡状态进行分析判断

商品的供需平衡是一定时期内零售市场上商品供应量与社会商品购买力之间的比例关系。它包括全社会或一个地区的全部商品供需平衡，各类商品的供需平衡和主要商品的供需平衡关系。对商品供需平衡状态进行分析判断，对市场预测有重要意义。供需的差额是市场各种要素演化的重要动因。

（三）对影响市场需求的因素分析判断

消费者的价值观念、消费行为、宗教信仰、文化背景、风俗习惯等对市场需求有很大影响。国家的宏观经济政策，诸如人口政策、财政政策、货币政策、产业政策、投资政策等也影响着市场的发展趋势。此外，其他的环境因素，如国际经济环境、政治环境、技术环境等方面的影响也不能忽视。

五、作出预测

作出预测的主要工作是选择预测方法、建立预测模型、确定预测值、提出预测报告等。

（一）选择预测方法

选择预测方法阶段主要是根据预测的目标以及各种预测方法的适用条件和性能，选择合适的预测方法。有时可以运用多种预测方法来预测同一目标。预测方法的选用是否恰当，将直接影响预测的精确性和可靠性。运用预测方法的核心是建立描述、概括研究对象特征和变化规律的模型，根据模型进行计算或者处理，即可得到预测结果。

市场预测的方法有很多，归纳起来可分为定性预测法、定量预测法两大类。

1. 定性预测法

定性预测法是对未来市场发展的性质进行预测分析和推断的方法。常用的主要有三种方法：集合意见预测法、专家预测法和对比类推法。

定性预测法是一种非常实用的预测方法，在社会经济生活中有着较为广泛的应用。当预测对象的影响因素非常复杂，或者掌握的数据不多、不够准确，难以进行定量分析时，定性预测法就是一种行之有效的预测方法。定性预测法在实践中主要用于以下几个方面。

（1）通常在定量预测之前，首先要进行定性预测，明确发展趋势，为接下来的定量预测做好准备。

（2）在缺乏定量预测的数据时，直接进行定性预测。

（3）与定量预测法相结合，以提高预测的可靠程度。

（4）对定量预测的结果进行评价。

由于定性预测法主要依靠预测者的经验和判断能力，易受主观因素的影响，因此在运用定性预测法时，要注意以下几个问题。

（1）应加强调查研究，努力掌握影响事物发展的有利条件、不利因素和各种动态状况，从而使调查者对事物或经济发展前景的分析判断更加接近实际。

（2）在进行调查研究和收集资料时，应做到数据和情况并重，使定性分析定量化。也就是通过质的分析进行量的估计，提高定性预测的说服力。

定性预测法的优点主要如下：

（1）具有一定的综合性和科学性。

（2）综合分析、简便易行。

（3）能综合分析各种影响因素，可以弥补数学预测方法的不足。

定性预测法的缺点如下：

（1）定量往往欠精确。

（2）易产生主观片面性。

（3）经验判断具有一定的局限性。

2. 定量预测法

定量预测法是根据市场调查获得的比较完整的历史和现实资料，运用统计方法和数学模型对数据进行分析和处理，找出预测对象的发展变化规律和趋势，从而推测结果的预测方法。常见的定量预测法有时间序列预测法、因果分析预测法等。

时间序列预测法包括各种趋势模型预测法、季节变动预测法、周期波动预测法、时间数列自回归预测法等。时间序列预测法的主要优点：只要利用历史统计资料，就能进行预测，因而简便易行，节约费用。但它只注意预测目标与时间的关系，而忽视其他因素的影响，有一定的局限性。

因果分析预测法主要包括回归分析预测法、计量经济模型预测法、多元统计分析预测技术、投入产出法等。因果分析预测法能够从现象之间的因果关系出发，由因推果，预测结果时有根有据，可靠性比较强，预测精度较高。但因果分析预测法在模型的估计与检验方面的工作量大，模型的应变性较差。

（二）建立预测模型

在采用定量预测法进行预测后，最重要的工作是建立预测模型。预测模型是指用于预测的，用数学语言或公式所描述的事物间的数量关系。预测模型在一定程度上揭示了事物间的内在规律性，预测时把它作为计算预测值的直接依据。因此，它对预测准确度有极大的影响。任何一种具体的预测方法都以其特定的数学模型为特征。预测方法的种类很多，均有相应的预测模型。

建立预测模型必须注意以下问题：

（1）必须以正确的经济理论作指导。

（2）必须尽可能准确地确定模型中的变量及变量之间的关系。

（3）必须尽可能地使模型简化。

（4）模型不合理时，必须及时进行修正。

（三）确定预测值

市场预测的结果，应通过解数学模型提供数量化的预测值。在确定市场预测值时，我们需要对预测的误差作出估计，也就是将预测值与历史观察值进行比较。预测误差是一个衡量预测精确度的指标，预测误差的大小与预测的精确度的高低成反比。预测误差小，表明预测的精确度高；反之，表明预测的精确度低。通过对预测值误差的分析，我们可以对预测模型的精确度进行评价，决定是否需要对预测模型进行修改，如何去修改以及修改的程度如何。

（四）提出预测报告

预测报告是在已掌握的有关市场的信息和资料的基础上，通过科学的分析方法进行研究，从而预测未来发展趋势的一种预见性报告，是在市场调查的基础上，综合调查的材料，用科学的方法估计和预测未来市场的趋势，从而为有关部门和企业提供信息，以改善经营管理，促使产销对路，提高经济效益。预测报告实际上是调查报告的一种特殊形式，它是直接为企业决策服务的。

第三节 市场预测精确度分析

由于影响市场预测结果的因素非常复杂，预测人员素质参差不齐以及预测模型、方法复杂，任何市场预测都不可能绝对准确。研究预测精确度问题对企业获取准确的市场预测结果是极其重要的。

一、市场预测精确度的测定

预测误差是一个衡量市场预测精确度的指标，预测误差的大小与预测精确度的高低成反比。预测误差小，表明预测的精确度高；反之，则表明预测的精确度低。市场预测误差从量的角度来说是指预测值与实际值的误差。市场预测值实质上是未来所有可能的实际值的一个平均数，是一个期望值。只要未来的实际值一定概率落在预测区间内，就可以认为这项预测工作是成功的。市场预测误差分为预测的绝对误差与相对误差。绝对误差是预测值与实际观测值的绝对差距，相对误差是绝对差距相对于观测值的百分比。确定预测误差，是为了检验预测的精确度，为决策提供可靠的依据。

（1）绝对误差。定量预测的误差一般用绝对数表示，也可以用相对数表示。用绝对数表示的个别预测误差的计算公式为：

$$e = y - \hat{y} \tag{8-1}$$

（2）相对误差。用相对数表示的个别相对预测误差的计算公式为：

$$E = \frac{y - \hat{y}}{y} \times 100\%$$

$$= \frac{e}{y} \times 100\% \tag{8-2}$$

式中：e 代表预测误差；

y 代表预测目标的实际值；

$\hat{y}$ 代表预测目标的预测值或理论估计值；

E 代表预测误差的相对值，即相对误差。

（3）平均绝对误差（MAE）。平均绝对误差是各期误差绝对值的算术平均数，用以表明各期实际观察值与各期预测值（或理论值）的平均误差水平。其计算公式为：

$$MAE = \frac{1}{n}\sum_{i=1}^{n}|e_i| = \frac{\sum|y-\hat{y}|}{n} \qquad (8-3)$$

（4）均方根误差（RMSE）。用以表明各实际观察值与各期预测值（或理论值）的平均误差水平，其计算公式为：

$$RMSE = \sqrt{\frac{1}{n}\sum_{i=1}^{n}e_i^2} = \sqrt{\frac{\sum(y-\hat{y})^2}{n}} \qquad (8-4)$$

（5）综合相对误差。综合相对误差是将均方根误差与各期实际观察值的平均数（$\bar{y}$）对比而得到的比率值，综合相对误差越小，预测的精确度越高，计算公式为：

$$综合相对误差 = \frac{RMSE}{\bar{y}} \times 100\% \qquad (8-5)$$

二、市场预测误差的产生原因

市场预测误差的存在是绝对的，几乎无法避免，因此绝不能因为预测误差的存在而否认市场预测的重要性和有用性。对待预测误差的正确态度就是分析研究预测误差的产生原因，并能采取有针对性的措施提高市场预测精确度。产生预测误差的原因有很多，既有主观原因，也有客观原因。概括起来主要有以下几个。

（一）预测资料的影响

预测资料是市场预测的依据和基础，预测工作的顺利进行是建立在全面、准确、及时的资料基础上的。市场调查工作直接决定了预测资料的质量。因此，我们要在市场调查的基础上，尽可能收集大量与预测目标有关的历史资料和现实资料，并能对收集的资料进行整理和分析，剔除无效的、虚假的资料。

（二）预测方法选择不当的影响

预测方法有很多，每一种预测方法都有其特定的原理、特点、用途和适用范围，人们应该根据不同的预测目标及情况来选择不同的预测方法。如果选择的预测方法不恰当，预测误差势必会增大。在实际预测工作中，有必要将定性预测和定量预测结合起来，有选择性地采用几种预测方法进行预测，并进行比较和验证，这样才能提高预测的精确度。

（三）预测组织工作的影响

预测组织工作也是影响预测误差的一个重要因素。一方面，预测人员的专业理论知识、实践经验、业务水平以及工作态度等都直接影响预测的准确程度；另一方面，预测经费也是影响预测误差的重要因素。对同一个预测目标来说，投入的预测经费越多，收集的资料越多，相对来说误差就会控制得比较小，预测的精确度也会比较高。

（四）不确定因素的影响

从系统论的观点来看，事物不仅与其他事物之间存在相互联系、相互制约的关系，并且事物内部各个组成部分也存在着相互影响、相互制约的关系。对未来市场变化的影响因素有很多，如预测期国家的政策法规、国际政治形势变化、经济体制改革、消费者需求变化等，再如预测期发生的重大地震、瘟疫、水灾等灾害，这些不确定因素都是无法事先预见的。这些不可预测的不确定因素一旦发生，会严重影响预测，导致较大的误差。预测对象受到不确定因素的影响越多，干扰程度越高，预测对象未来的变化趋势就越难把握。

三、提高市场预测精确度的措施

市场预测误差的产生虽然是不可避免的，但尽量减少误差，提高精确度却是可能的。

（一）重视预测的基础工作

重视预测的基础工作，保证统计资料的完整、正确、及时、科学，是做好预测工作的重要条件。预测的基础是全面、系统、准确的调查统计资料，预测的精确度在很大程度上取决于统计资料、情报信息的全面、系统、准确。统计资料与情报信息的主要来源是销售信息的反馈与市场调查。因此，各企业都要建立有关的市场情报档案。为使市场行情、销售信息反馈及时迅速，应当建立全国性的市场预测网。

（二）提高信息反馈的速度

我们可通过及时反馈信息，不断改进预测方法，修正预测模型，提高预测精确度。预测是对未来状况的估计与推算，预测方法需要不断改进、预测模型都需要不断修正，预测应当是一个不断反馈与修正的过程，预测值确定以后不等于预测工作就此完成，我们应当不断把预测结果与实际值进行比较，确定预测误差的大小，修正预测模型，正确反映预测对象的实际变化规律。特别是进行长期预测时，预测人员在得到一组预测数据后，随时将预测值与实际结果进行比较和分析，确定预测误差，从而不断提高预测的精确度。

(三)多种预测方法协同使用

为了提高预测的实效性,我们通常综合应用各种预测方法,多种预测方法配合进行,可相互核对与修正,提高市场预测的精确度。综合应用各种预测方法可以弥补资料的不足。由于市场的日益复杂和国际化以及影响预测过程和结果的变数也很大,我们需要采取科学、多样化的预测方法获取最精确的市场预测数据。

(四)不断提高预测人员的技术水平

预测人员是市场预测工作顺利进行的保证。市场预测都是以假设为基础的,而假设则来自预测人员对客观事物的认识和分析。因此,预测人员应该对其所预测的领域,如金融知识、经济理论、生产技术及市场规律等,有较高的知识水平和充分的涉猎,并且对本行业、本企业、本系统的产品特点、性能和使用方法有足够的了解,还要掌握国内外市场竞争对手产品的行情。预测人员还要有科学的判断能力,善于提出假设;善于收集市场数据,分析各因素相互影响的关系;经常根据最新数据来评定市场预测的结果,善于建立市场预测模型,作出更正确的决策提高预测的效果。因此,企业既需要挑选合适的专业人才从事预测工作,又要加强他们在行业领域的学习和训练,重视预测人员技术水平的提高。

案例分析8-1:R公司智取美国快餐市场

日本R食品公司在准备将营销触角伸向美国食品市场前,为了能够确定海外扩张的最佳"切入点",曾不惜高薪聘请美国食品行业的市场调查权威机构对方便面的市场前景和发展趋势进行全面细致的调查评估。可是,美国食品行业的市场调查权威机构所得出的调查评估结论,却令R食品公司大失所望——"由于美国人没有吃热汤面的热食习惯,而是喜好'吃面条时干吃面,喝热汤时只喝汤',绝不会把面条和热汤混在一起食用,由此可以断定,汤面合一的方便面,是很难进入美国食品市场的,更不会成为美国人一日三餐必不可少的快餐食品。"R食品公司并没有盲目迷信这种结论,而是抱着"求人不如求己"、自强自立的信念,派出自己的专家考察组前往美国进行实地调研。通过发放商场问卷及进行家庭访问,专家考察组发现美国人的饮食习惯虽然呈现"汤面分食,绝不混用"的特点,但是随着世界各地不同种族移民的大量增加,这种饮食习惯在悄悄地发生着变化。再者,美国人越来越注重口味和营养,只要在口味和营养上投其所好,方便面有可能迅速占领美国食品市场,成为美国人的饮食"新宠"。

R食品公司基于亲自调查的结论,从美国食品市场动态和消费者饮食需求出发,确定了"四脚灵蛇舞翩跹"的营销策略,全力以赴地向美国食品市场大举挺进。"第一脚",R公司针对美国人热衷于减肥运动的生理需求和心理需求,巧妙地把自己生产的方便面定位于"最佳减肥食品",在声势浩大的公关广告宣传中,刻意渲染方便面"高蛋白,低热量,去脂肪、剔肥胖、价格廉、易食用"等优点；针对美国人好面子、重仪表的特点，精心制作出"每天一包方便面，轻轻松松把肥减""瘦身绿色天然食品，非方便面莫属"等具有煽情色彩的广告语，激起美国人的购买欲，获得了"四两拨千斤"的营销奇效。"第二脚"，R公司为了满足美国人用叉子用餐的习惯，果敢地将适合筷子夹食的长面条加工成短面条，为美国人提供饮食之便；并从美国人爱吃硬面条的饮食习惯出发，一改方便面适合东方人口味的柔软特性，精心加工出稍硬又筋道的美式方便面，以便吃起来更有嚼头。"第三脚"，由于美国人"爱用杯不爱用碗"，于是R食品公司别出心裁地把方便面命名为"杯面"，并给它起了一个地地道道的美国式副名——"装在杯子里的热牛奶"，期望"方便面"能像"牛奶"一样，成为美国人难以割舍的快餐食品；R公司根据美国人"爱喝口味很重的浓汤"的独特口感，不仅在面条制作上精益求精，而且在汤味佐料上力调众口，使方便面成为"既能吃又能喝"的二合一方便食品。"第四脚"，R公司从美国人食用方便面时总是"把汤喝光而将面条剩下"的偏好，灵敏地捕捉到了方便面制作工艺求变求新的着力点，一改方便面"面多汤少"的传统制作工艺，研制生产了"汤多面少"的美式方便面，并将其副名更改为"远胜于汤"，从而使"杯面"迅速成为美国消费者人见人爱的"快餐汤"。凭借此"四脚灵蛇舞翩跹"的营销策略，R食品公司果敢挑战美国人的饮食习惯，以"投其所好"为一切业务工作的出发点，不仅出奇制胜地突破了"众口难调"的产销瓶颈，而且轻而易举地进入了美国快餐食品市场，开辟了一片新天地。

问题：

在别人认为难以开拓的市场上，R食品公司取得了成功，其中的奥秘是什么呢？

案例分析8-2：M公司的数据库

M公司在中国大数据业务市场上遇到的主要竞争对手是某里和某逊。这两家公司都是从电子商务起家的，后来走向了云技术和大数据，但M公司是从计算机技术起家的，与这两家公司相比，M公司更具有技术优势。因此，从技术实力上来看，该公司副总认为M公司更胜一筹。此外，该公司副总知道，中国作为一个正在高速发展的新型经济体和人口大国，在医疗、金融、商业等领域积累了大量的数据，如何通过技术分析为政府和企业创造价值，这是摆在政府和企业面前的一个十分重要的任务。M公司首先主动出击深入研究客户，挖掘不同行业客户的潜在需求。公司客户信息主要来源于两个渠道：一是M公司官网上由客户注册形成的客户数据库。二是来源于M公司每年举办的产品说明会和发布会，由客户签到登记形成的数据库。通过这些方式，M公司形成了非常大的数据库资源，而且数据不断丰富和更新。

M公司先是对数据库中的数据按行业细分成金融、教育、制造业、服务业等，接着在每个行业中选择可能对公司产品有意向的大企业，并对所选择的企业进行研究，特别是通过浏览客户网站等获取更多有关客户的信息，再打电话或发电子邮件主动与客户进行联系。然后召开相关主题说明会并邀请客户参加。会议包括现场说明会、发布会、论坛、展示等实体活动，也包括线上的虚拟会议。

参会后还会对客户通过电话或跟进邮件进行回访，探讨客户遇到的问题并解答问题。一般来说，到这时客户的需求有时还是比较模糊的，因此还需要进一步和客户进行面对面互动，包括焦点访谈或一对一访谈以此明确客户真正的需求。这样，通过网站吸引流量，引导客户注册，通过邮件或电话的方式邀请客户参会以及会后的跟踪回访。整个过程按照发现—早期学习—深入学习—试用—购买—接受贡献（口碑营销）的流程来进行，可以理解为让客户发现 M 公司有什么，并使他们产生兴趣，逐步引导他们开始学习和试用，最后购买，使用过后对产品或服务产生依赖，最终为 M 公司推荐新的客户。

问题：

（1）M 公司如何构建数据库？

（2）M 公司如何分析市场需求并预测其发展变化？

实训题：自我预测

学生以个人为单位进行自我预测；充分调查自己过去以及当前的学习情况，并思考学习中遇到的问题及原因，收集资料；进行初步预测，预测自己下个学期的学习情况走势；小组内部分享交流，教师抽选部分学生分享预测的情况；学生互评及教师点评。

（1）是否明确自我预测的目标？是否掌握预测的程序？

（2）是否广泛收集、整理相关资料，并选择适当的方法进行初步分析和判断？

（3）是否能客观进行自我预测？

思考题：

（1）市场预测的内容有哪些？

（2）简述市场预测的程序。

（3）分析市场预测误差产生的原因。

（4）定性预测法的优点和缺点有哪些？

（5）如何提高市场预测精确度？

第九章 大数据在市场调查与预测中的应用

【学习目标】
◎ 了解大数据的概念、特征及其应用
◎ 掌握神经网络基础概念
◎ 了解卷积神经网络和循环神经网络

引例：H超市的决策挑战

H超市是一家全国性的连锁零售企业，成立已有十多年，其门店遍布全国主要城市和二线城市，业务涵盖生鲜食品、日用百货、家居用品等多种商品类型。由于其产品线覆盖面广，H超市在不同地区的销售业绩、顾客需求和消费习惯存在显著差异。随着市场竞争加剧，消费需求变化频繁，传统的运营模式已难以应对快速变化的市场环境。因此，H超市积极引入大数据分析技术，运用在市场调研、销售预测与生产规划等关键环节中，以提升业务决策的准确性和反应速度。

在市场调研中，H超市利用大数据分析消费者的行为模式、购买习惯和偏好，获取更为精准的消费者洞察。例如，超市通过收集线上购物数据、会员消费记录、社交媒体评论等多维度数据，构建消费者画像。这些数据不仅包括基本的消费信息，还涉及消费者的偏好趋势、对促销活动的反应以及对新产品的接受度。通过数据挖掘，H超市能够发现潜在的市场需求。例如，某些地区的消费者更偏爱有机食品或进口商品，超市便可以根据这些洞察调整当地门店的产品组合，满足当地消费者的偏好，从而提升销售额。此外，H超市通过分析消费者搜索、点击及购买数据，能够提前识别哪些商品有可能成为爆款，从而在市场推广活动中重点推介，提高产品的曝光度和销售转化率。

大数据在销售预测中有着至关重要的作用。H超市通过分析历史销售数据、气候变化、节假日效应等多维因素，利用机器学习算法来预测未来各类商品的销售趋势。例如，在年末假期或重大促销活动前，超市会根据往年数据及当前趋势，预测不同商品的销量增长幅度，从而提前调整进货量和库存。以生鲜食品的销售预测为例：生鲜食品的保质期较短，库存管理难度较大，但通过分析销售数据和天气信息，超市可以准确预测某类蔬果在特定季节或天气下的需求变化。例如，H超市可能发现，在炎热天气冷饮和水果的销量会急剧上升，而在寒冷天气，火锅配料和温补食品的需求则有所增长。通过这样的数据分析，超市可以提前准备相关商品，确保供应链响应迅速，减少缺货或积压现象出现。

思考：

（1）这里所说的大数据与第七章提到的调查数据有何不同？

（2）大数据给数据挖掘带来了哪些挑战，特别是在建模部分，模型上应有何变化？

第一节　大数据概述

近几年，大数据迅速发展成为科技界和企业界甚至世界各国政府关注的热点，《Nature》和《Science》等相继出版专刊专门探讨大数据带来的机遇和挑战，"大数据时代"已然来临。笔者将从市场调查与分析的视角，探讨大数据概念，并试图让读者可以实现神经网络算法入门这一目标。

一、大数据定义

如果大家去网络上进行搜索，会看到形形色色关于大数据的定义，但无论何种定义，学者和专家都一致认为：数据集的大小并不是大数据的唯一标准，大数据与"海量数据"和"非常大的数据"这些概念并不一样。

其实，早在2001年，就出现了关于大数据的定义。META集团（现为Gartner）的分析师道格·莱尼（Doug Laney）在研究报告中，将数据增长带来的挑战和机遇定义为三维式，即数量（Volume）、速度（Velocity）和种类（Variety）的增加，虽然这一描述最先并不是用来定义大数据的，但是Gartner和许多企业，其中包括IBM和微软，在此后的10年间仍然使用这个"3Vs"模型来描述大数据。数量，意味着生成和收集大量的数据，数据规模日趋庞大；速度，是指大数据的时效性，数据的采集和分析等过程必须迅速及时，从而最大化地利用大数据的商业价值；种类，表示数据的类型繁多，不仅包含传统的结构化数据，更多的则是音频、视频、网页、文本等半结构和非结构化数据。

但是，也有一些不同的意见，大数据及其研究领域极其具有影响力的领导者国际数据公司（IDC）就是其中之一。2011年，在该公司发布的报告中（由EMC主办）大数据被定义为："大数据技术描述了新一代的技术和架构体系，通过高速采集，发现或分析，提取各种各样的大量数据的经济价值"。从这一定义来看，大数据的特点可以总结为4个V，即Volume（体量浩大）、Variety（模态繁多）、Velocity（生成快速）和Value（价值巨大但密度很低）。这种4Vs定义得到了广泛的认同。3Vs是一种较为专业化的定义，而4Vs则指出大数据的意义和必要性，即挖掘蕴藏其中的巨大价值，这种定义指出大数据最为核心的问题，就是如何从规模巨大、种类繁多、生成快速的数据集中挖掘价值。

近年来，随着技术的发展，大数据的定义也在不断进化。一些新的定义开始加入第五个维度：真实性（Veracity），指的是数据的准确性和可信度。由于大数据往往来源于多个渠道，数据可能是不完整、错误或矛盾的，因此真实性成为一个重要的考量因素。最新的定义强调大数据是一个动态的概念，它不仅仅是关于数据的存储和处理，还包括数据的采集、管理、分析和应用，以及如何将这些数据转化为有意义的知识和行动。此外，随着人工智能、机器学习和物联网等技术的发展，大数据的定义也在不断地被扩展和深化。

大数据技术的战略意义不在于掌握庞大的数据信息，而在于对这些含有意义的数据进行专业化处理。通过大数据技术，人们可以从大数据中挖掘出有价值的信息和知识，为决策提供支持，优化业务流程，创造新的商业模式和机会。

二、大数据发展历程

数据分析是人类历史上的一项重要技能，从古至今，数据分析的重要性日益凸显。从原始的统计方法到现代的大数据和机器学习方法，数据分析的发展历程见证了人类社会的进步和变革。

（一）传统数据分析的起源

传统的数据分析可以追溯到古埃及和古代中国的数学和天文学领域。当时，人们使用简单的计数和图形技术来记录和管理数据。这些原始的统计分析方法为当时的社会提供了决策依据。例如，天文学家使用简单的统计分析方法来预测天文现象，从而为农业和宗教仪式提供指导。

（二）近代数据分析的兴起

19世纪末和20世纪初，科学家、工程师和企业家开始利用数据分析来解决实际问题。例如，工程师使用图表和统计方法来优化机器性能，而经济学家使用数据分析来研究市场趋势。

20世纪中叶，计算机的出现使得数据分析更加便捷。计算机可以快速处理大量数据，并且可以执行复杂的数学计算和统计分析。这为科学家和工程师提供了更多的机会来探索数据中的隐藏模式和关联。

（三）现代数据分析的变革

人类历史上从未有哪个时代和今天一样产生如此海量的数据，数据的产生已经完全不受时间、地点的限制，从开始采用数据库作为数据管理的主要方式开始，人类社会的数据产生方式大致经历了三个阶段，而正是数据产生方式的巨大变化才最终导致大数据的产生。

1. 运营式系统阶段

数据库的出现使得数据管理的复杂度大大降低，实际中数据库大都为运营系统所采用，作为运营系统的数据管理子系统，如超市的销售记录系统、银行的交易记录系统、医院病人的医疗记录等，人类社会数据量第一次大的飞跃正是建立在运营式系统开始广泛使用数据库上，这个阶段最主要特点是数据往往伴随着一定的运营活动而产生并记录在数据库中，如超市每销售出一件商品就会在数据库中产生相应的一条销售记录，这种数据的产生方式是被动的。

2. 用户原创内容阶段

互联网的诞生促使人类社会数据量出现第二次大的飞跃，但是真正的数据爆发产生于Web2.0时代，而Web2.0的最重要标志就是用户原创内容，这类数据近几年一直呈现爆炸性增长，主要有两方面的原因：首先是以博客、微博为代表的新型社交网络的出现和快速发展，使得用户产生数据的意愿更加强烈；其次就是以智能手机、平板电脑为代表的新型移动设备的出现，这些易携带、全天候接入网络的移动设备使得人们在网络上发表自己意见更为便捷，这个阶段数据的产生方式是主动的。

3. 感知式系统阶段

人类社会数据量第三次大的飞跃最终导致了大数据的产生，今天我们正处于这个阶段，这次飞跃的根本原因在于感知式系统的广泛使用，随着技术的发展，人们已经有能力制造极其微小的带有处理功能的传感器，并开始将这些设备广泛地布置于社会的各个角落，通过这些设备来对整个社会的运转进行监控，这些设备会源源不断地产生新数据，这种数据的产生方式是自动的。

简单来说，数据产生经历了被动、主动和自动三个阶段，这些被动、主动和自动的数据共同构成了大数据的数据来源，但其中自动式的数据才是大数据产生的最根本原因。

三、大数据应用情况

大数据技术能够迅速收集和处理海量的市场信息，包括消费者行为、竞争对手动态、市场规模等，从而极大地提高了市场调查的效率。通过大数据分析，企业可以获取更加全面和准确的市场数据，避免了传统市场调查中可能出现的样本偏差和误差。大数据技术能够对市场进行更加精细化的划分，帮助企业识别不同的消费者群体和细分市场，从而制定更加精准的营销策略。通过分析消费者的在线行为、社交媒体互动等数据，企业可以更加深入地了解消费者的需求和偏好，为产品开发和优化提供依据。

我们曾为一家无人贩售机公司提供过咨询（该商业模式后来没有成功，所以具体名称这里就不提了），顾客可以在贩售机的屏幕上选择食物（土豆牛腩饭、萝卜排骨饭等），贩售机能够在 1 分钟内将顾客所选择的食物加工好。这家公司面临一个问题，那就是贩售机上仅有 88 个位置，那么应该摆哪些饭食呢？这个和服装销售问题有相似之处，如果土豆牛腩饭放多了，但是顾客不多，那就会造成浪费；反之，则会有需求丢失的可能。传统的方法是收集各类饭食每日需求，然后利用第八章的方法作出预测，但这里有一个很大的问题：我们数据里实际只有销量，并没有需求，如今天土豆牛腩饭一共有 8 份，然后卖出去 8 份，难道需求就是 8 吗？实际需求会不会是 10 份或者 11 份？用截断的销量作出的预测能够真实反映需求吗？在大数据时代，这个问题有了解决办法，我们利用贩售机上的摄像头，借助图像识别技术，能够准确分辨出有哪些顾客没有找到心仪的食物而离开，这个数据有效弥补了销量数据的不足。

除了使用大数据来丰富数据以外，对非结构化数据的分析也在市场领域大量使用。以衣服需求预测问题为例，衣服的尺码、颜色、价格等数据容易收集但似乎并不是核心属性，一件衣服究竟能不能卖得好还要看其款式能否符合当下潮流。顾客在购买衣服时，是用他们的眼睛在选择，而不是拿个平板对着属性数据进行挑选，所以如何用大数据的方法从衣服图片中提取出关键属性，从而对消费者的选择作出预判，这已经是很多大型时尚公司正在进行的事情。如果你在某家店铺的试衣镜上看到了摄像头（公开的、不侵犯隐私的那种），请不要惊讶，摄像头很有可能在记录你眼睛观看的方向，从而辅助算法更好地了解消费者对衣服细节的需求。

四、深度学习

大数据分析的一个核心问题是如何对数据进行有效表达、解释和学习，无论是对图像、声音还是文本数据，传统的研究也有很多数据表达的模型和方法，但通常都是较为简单或浅层的模型，模型的能力有限，不能获得很好的学习效果。举个例子，对于图 9-1，我们一眼就能看出这是一件连衣裙，可如何让计算机在读取这张图片时，就能识别出连衣裙的款式呢？

图 9-1 连衣裙示例

我们将其认定为一件连衣裙，是基于我们过往的认知。首先，这些衣服的下方没有裤腿，取而代之的是一件裙摆；其次，这件衣服包含了上身的装束，大概率是一件连衣裙。这里笔者提到两点：①没有裤腿；②包含上身。这等于是用眼睛从图片中提取出两个关键的特征，这个提取过程在大数据分析里，叫作原始数据向高纬语义的映射。深度学习是实现这种映射的最佳方式。

深度学习就是利用层次化的架构学习出对象在不同层次上的表达，这种层次化的表达可以帮助解决更加复杂抽象的问题。深度学习通常使用人工神经网络，常见的具有多个隐层的多层感知机（MLP）就是典型的深度架构。深度学习之所以被称为"深度"，是相对回归、支撑向量机、决策树、最大熵方法等"浅层学习"方法而言的。浅层学习依赖于特征工程得到的属性，而深层学习通过对原始信号进行逐层特征变换，将样本在原空间的特征表示变换到新的特征空间，自动地学习得到层次化的特征表示，从而更有利于分类或特征的可视化。

深度学习的概念最早由多伦多大学的辛顿（Hinton）等于 2006 年提出，指基于样本数据通过一定的训练方法得到包含多个层级的深度网络结构的机器学习过程。传统的神经网络随机初始化网络中的权值，导致网络很容易收敛到局部最小值。为解决这一问题，辛顿提出使用无监督预训练方法优化网络权值的初值，再进行权值微调的方法，拉开了深度学习的序幕。

深度学习带来了机器学习的一个新浪潮，受到从学术界到工业界的广泛重视，也导致了"大数据＋深度模型"时代的来临。在应用方面，深度学习使得语音图像的智能识别和理解取得惊人进展，从而推动人工智能和人机交互大踏步前进。如今深度学习算法可以说是层出不穷，本书没有也无须将其全部覆盖，仅对神经网络的经典内容进行阐述，为大家在日后使用相应方法时提供一些理论和方法基础。

第二节　神经网络基础

人工神经网络（ANN）模拟人类所理解的生物大脑响应感官刺激输入的过程，对一组输入信号和输出信号之间的关系进行建模。就像大脑使用被称为神经元的相互连接的细胞网络来创建一个巨大的并行处理器，ANN 使用人工神经元或节点网络来解决学习问题。

一、生物性动机

图 9-2 给出了生物神经元功能的示意图。

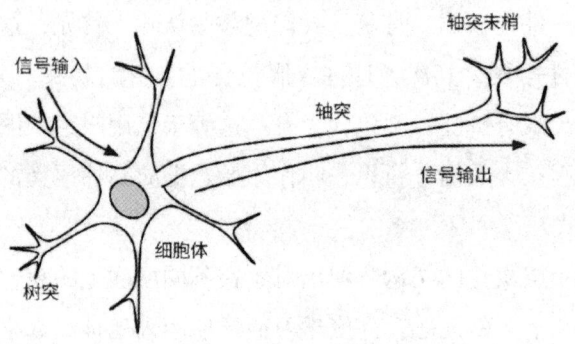

图 9-2　神经元的结构

神经元大致可以分为树突、细胞体、轴突和突触。在细胞内，传入的信号通过生化过程被细胞的树突接收。这个过程可以根据脉冲的相对重要性或频率对其进行加权。当细胞体开始积累输入信号时，达到一个阈值，细胞体就会被激活，产生电脉冲。这个输出信号通过电化学过程沿轴突向下传输。在轴突的末端，电信号再次被处理成化学信号，通过一个被称为突触的微小间隙传递给邻近的神经元。

生物学习系统是由相互连接的神经元所构筑的非常复杂的网络。人类大脑有一个由大约 10^{11} 个神经元组成的相互连接的网络，每个神经元平均与 10^4 个其他神经元相连。尽管神经元的转换速度比计算机切换速度慢得多，我们依然能够相对较快地作出复杂的决策。

二、人工神经元

为了让机器能像人一样思考，人工神经元试图用数学函数的形式（毕竟计算机是用来做计算的）去模仿生物神经元的信号输入与输出过程。人工神经元是人工神经网络的基本单位，其接收一个或多个输入信号（表示神经树突的兴奋性突触后电位和抑制性突触后电位）并将它们相加以产生输出信号。每个输入信号都被单独加权，其总和被输入一个称为激活函数或传递函数的函数。图 9-3 给出了人工神经元模型的示意图。

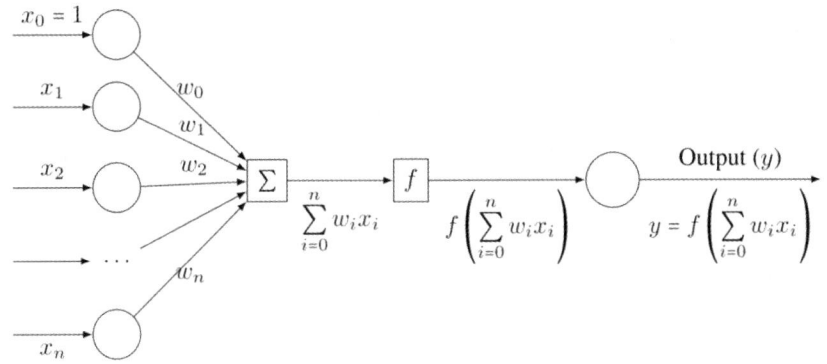

图 9-3　人工神经元的示意图

图 9-3 中，$x_1, x_2, \cdots, x_n$ 是输入信号（你可以理解为衣服的各个属性），x_0 是一个取值为常数 1 的输入信号（你可以理解为为了导入常数项而虚设的一个变量），$w_1, w_2, \cdots, w_n$ 是输入信号所对应的权重，w_0 是 x_0 的权重（实际就是偏置项），$x_1, x_2, \cdots, x_n, w_1, w_2, \cdots, w_n$，$\Sigma$ 表示输入信号的和，f 表示产生输出的函数（实际就是激活函数），y 为输出的信号：

$$y = f(\sum_{i=0}^{n} w_i x_i)$$

图 9-3 中，小圆圈被称为神经元的节点。左边接收 $x_0, x_1, \cdots, x_n$ 值的圆圈被称为输入节点，右边输出 y 值的圆圈被称为输出节点。正方形表示在输出结果之前发生的处理过程，但实际上它们不需要在示意图中明确地显示。图 9-4 展示了一个简化的人工神经元。

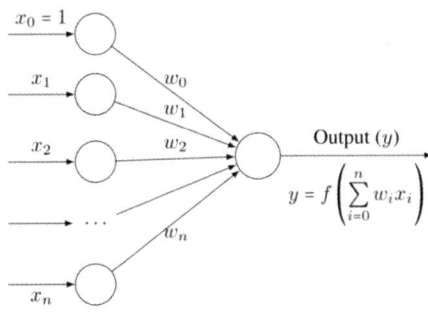

图 9-4　人工神经元的简化表示

三、激活函数

在人工神经网络中，将输入信号作为输入并产生输出信号的函数 f 称为激活函数。下面是一些简单的激活函数。

（一）阈值激活函数

阈值激活函数公式为：

$$f(x)=\begin{cases}1, 若x>0\\-1, 若x\leqslant 0\end{cases}$$

该函数的图形，如图9-5所示。

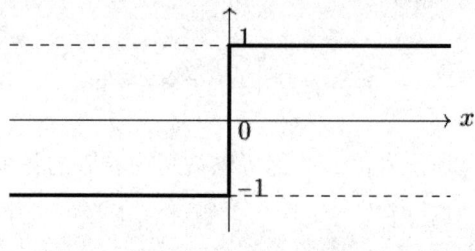

图9-5 阈值激活函数

（二）单位阶跃函数

有时，阈值激活函数也被定义为单位阶跃函数，在这种情况下，它被称为单步激活函数。其公式如下：

$$f(x)=\begin{cases}1, 若x\geqslant 0\\0, 若x<0\end{cases}$$

这个函数的曲线图，如图9-6所示。

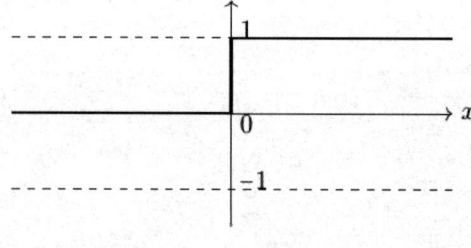

图9-6 单步激活函数

（三）Sigmoid 激活函数

Sigmoid 激活函数是最常用的激活函数之一。它的公式如下：

$$f(x) = \frac{1}{1+e^{-x}}$$

该函数的曲线图，如图 9-7 所示。

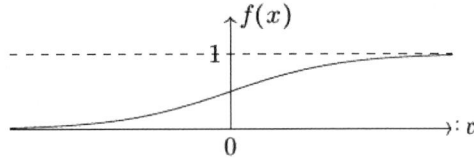

图 9-7　Sigmoid 激活函数

（四）线性激活函数

线性激活函数的公式为：

$$f(x) = mx + c$$

它在 x-y 平面上定义了一条直线，如图 9-8 所示。

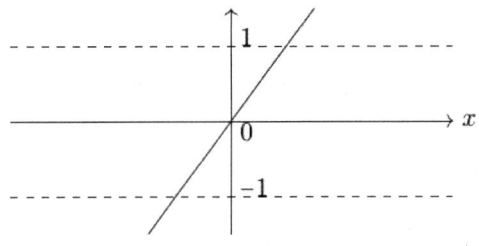

图 9-8　线性激活函数

（五）分段（或饱和）线性激活函数

分段（或饱和）线性激活函数的公式为：

$$f(x) = \begin{cases} 0, & if\ x < x_{min} \\ mx+c, & if\ x_{min} \leq x \leq x_{max} \\ 0, & if\ x > x_{max} \end{cases}$$

该函数的图形，如图 9-9 所示。

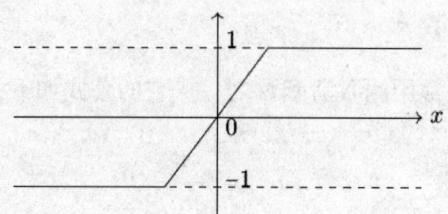

图 9-9　分段线性激活函数

（六）高斯激活函数

高斯激活函数的公式为：

$$f(x)=\frac{1}{\sigma\sqrt{2\pi}}e^{-\frac{(x-\mu)^2}{2\sigma^2}}$$

该函数的图形，如图 9-10 所示。

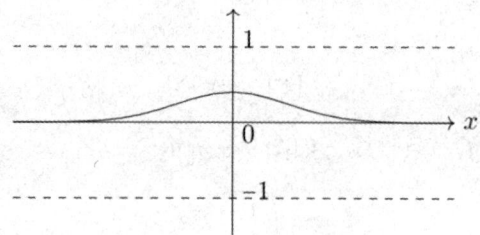

图 9-10　高斯激活函数

（七）双曲切向激活函数

双曲切向激活函数的公式为：

$$f(x)=\frac{e^x-e^{-x}}{e^x+e^{-x}}$$

该函数的图形，如图 9-11 所示。

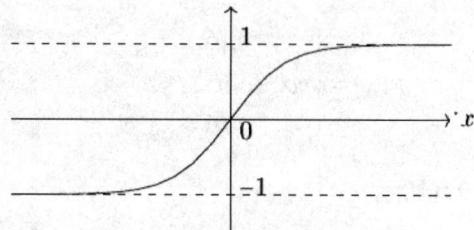

图 9-11　双曲正切激活函数

激活函数的选择要看具体的任务,如在分类问题中,Sigmoid 函数应用最广;但是在服装销量预测问题中,线性激活函数可能更为合适。

四、感知机

感知机是一类最简单的人工神经网络,它只包含了一个神经元。

考虑一个人工神经元,其中 $x_1, x_2, \cdots, x_n$ 为输入信号,$w_1, w_2, \cdots, w_n$ 为关联权值。让 w_0 为某个常数。如果神经元的输出由以下函数给出,则该神经元称为感知机:

$$o(x_1, x_2, \cdots, x_n) = \begin{cases} 1, if w_0 + w_1 x_1 + \cdots + w_n x_n > 0 \\ -1, if w_0 + w_1 x_1 + \cdots + w_n x_n \leq 0 \end{cases}$$

图 9-12 给出了感知机的示意图:

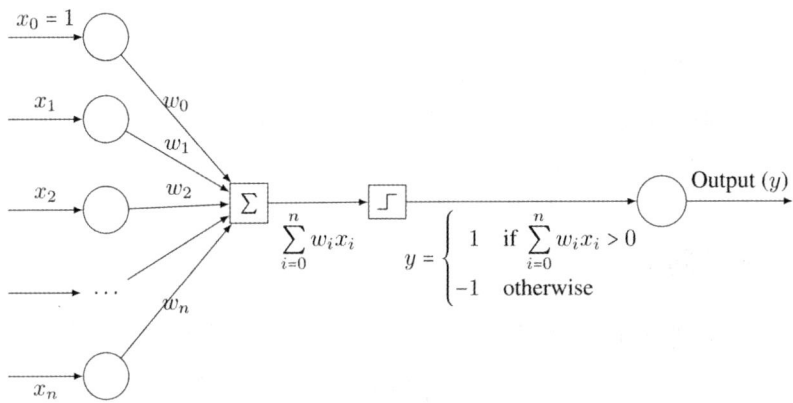

图 9-12 感知机的示意图

其中,数量 $-w_0$ 可以看作一个"阈值",要使神经元输出一个"1",就需要使加权和 $w_1 x_1 + \cdots + w_n x_n$ 越过这个"阈值"。

感知机可以将 $x_1 AND x_2$ 这样的简单布尔函数表示出来。设 x_1 和 x_2 为两个布尔变量。则布尔函数 $x_1 AND x_2$ 如表 10-1 所示。可以很容易地验证,图 9-13 所示的感知机代表了该函数。

表 10-1 布尔函数 $x_1 AND x_2$

x_1	x_2	$x_1 AND x_2$
-1	-1	-1
-1	1	-1
1	-1	-1
1	1	1

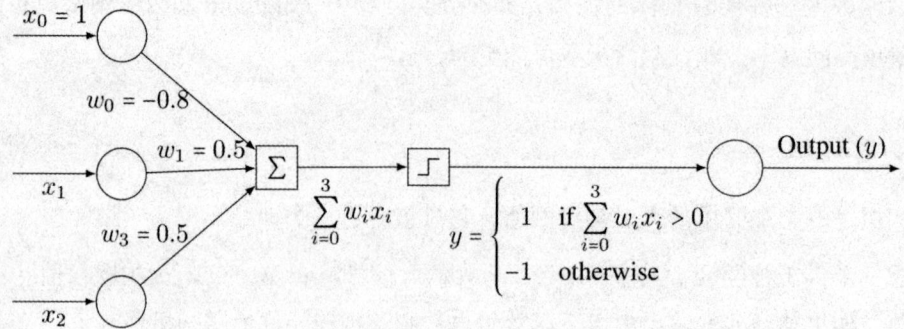

图 9-13 感知机对 $x_1 AND x_2$ 的表示

在图 9-13 所示的感知机中,输出由下式决定:

$$y = \begin{cases} 1, if -0.8 + 0.5x_1 + 0.5x_2 > 0 \\ -1, otherwise \end{cases}$$

大家可能觉得这个神经网络很简单,确实如此。我们在这里探讨感知机,是想展示神经网络具备分析数据,实现输入到输出的能力。而且,感知机虽然简单,但也足以让机器人实现点头"yes",摇头"no"的功能了。

五、人工神经网络

刚才的例子也告诉大家,不管以后你们遇见的神经网络架构多么复杂,画出来的架构图多么绚丽,人工神经网络本质就是一个模拟生物神经网络信号传递的计算模型。一系列被称为神经元的连接单元组成的集合是一个人工神经网络的基础。神经元之间的每个连接都可以将信号从一个神经元传递到另一个神经元。接收到信号的神经元可以对其进行处理,然后再向与之相连的神经元发送信号。

神经元之间的每个连接都有一个与之相对应的权重,随着学习的进行,权重也会被调整。神经元可能有一个阈值,只有当聚合信号超过该阈值时,信号才会被发送。神经元是分层组织的,不同的层可能对它们的输入执行不同类型的转换,信号可能遍历了各层很多次之后,才从输入层传输到输出层。

人工神经网络可以用几种不同的方式定义和实现。下列特征的定义方式决定了人工神经网络的特定变体。

(1)激活函数:定义了如何将神经元的组合输入信号转换为单个输出信号,以便在网络中进一步传递。

(2)网络拓扑(或结构):描述了模型中神经元的数量,以及它们的层数和连接方式。

（3）训练算法：该算法指定了如何设置连接权重，以便与输入信号成比例地抑制或激发神经元。

（一）激活函数

激活函数是人工神经元处理传入信息并将其传递到整个网络的机制。正如人工神经元是仿照生物的版本建模的，激活函数也是仿照自然结构来建模的。

设 $x_1, x_2, \cdots, x_n$ 为输入信号，$w_1, w_2, \cdots, w_n$ 为关联权值，让 $-w_0$ 为阈值。令 $x = w_0 + w_1 x_1 + \cdots + w_n x_n$。

激活函数是 x 的某个函数。前文中给出了一些最简单和常用的激活函数。

（二）网络拓扑

网络拓扑指的是互联节点集合中的模式和结构。拓扑结构决定了网络能够学习的任务复杂性。一般来说，更大、更复杂的网络能够识别更微妙的模式和复杂的决策边界。然而，网络的能力也不仅仅取决于网络规模，还与其单元的排列方式有关。

不同形式的网络架构可以通过以下几个特征来区分：①层数；②网络中的信息是否允许反向传播；③每层网络内的节点数。

1. 层数

在一个人工神经网络中，输入节点是那些直接从输入数据接收未处理信号的节点。输出节点（可能有多个）是那些产生最终预测值的节点。隐藏节点是在到达输出节点之前处理来自输入节点（或其他此类节点）的信号的节点。

节点是分层排列的。接收来自输入数据的未处理信号的一组节点构成第一层节点。接收第一层节点中节点的输出的隐藏节点集构成第二层节点。以类似的方式，我们可以定义第三层、第四层等。图 9-14 显示了一个只有一层节点的人工神经网络。图 9-15 显示了一个两层的人工神经网络。

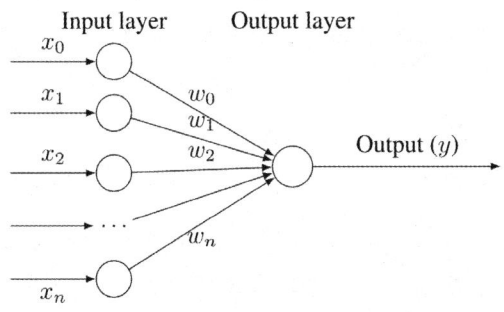

图 9-14 只有一层的 ANN

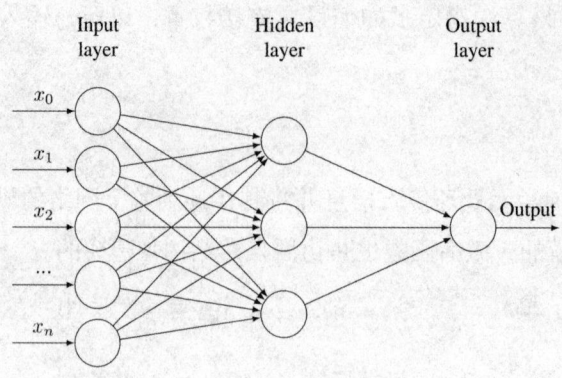

图 9-15 两层的 ANN

2. 信息传播的方向

输入信号从一个连接到另一个连接以一个方向连续传送,直到到达输出层的网络称为前馈神经网络。图 9-15 所示的网络就是一个前馈神经网络。

允许信号通过回路在两个方向上传播的网络称为循环网络(或反馈网络)。

3. 每层网络的节点数

输入节点的数量是由输入数据中的特征数量预先确定的,类似地,输出节点的数量由要建模的结果数量或结果中类别的数量预先确定。但是,隐藏节点的数量留给用户在训练模型之前决定,目前还没有可靠的规则来确定隐藏层中的神经元数量,其合适值由输入节点的数量、训练数据的数量、噪声数据的数量、学习任务的复杂程度等诸多因素共同决定。

(三)参数训练

人工神经网络参数的训练和线性回归是一样的,设计一个损失函数,而后通过梯度下降法来寻优,但是人工神经网络所包含的参数数量要比线性回归大很多。n 个属性的线性回归包含 $n+1$ 个参数,但是在如图 9-15 所示的两层人工神经网络里,从输入层到隐层,就有 $3(n+1)$ 个参数,从隐层到输出层有 4 个参数。在现实中碰到百万个参数的人工神经网络也不用特别惊讶,而面对这样海量参数的训练任务,就必须设计较好的算法来减少计算量,其中最常用的被称为反向传播算法。该算法的描述如下。

(1)初始权重随机分配。

(2)算法通过两个过程的多次循环进行迭代,直到达到算法停止标准。每次循环包括:①前向阶段,神经元从输入层到输出层依次被激活,沿途应用每个神经元的权重和激活函数。到达最后一层时,产生输出信号。②后向阶段,在这一阶段,网络在前向阶段产生的输出信号与训练数据中的真实目标值进行比较。网络输出信号与真实值之间的差异会产生误差,该误差会在网络中向后传播,以修改神经元之间的连接权重,减少未来的误差。

为了说明反向传播算法中的各个步骤，考虑一个具有两个输入、两个输出和一个隐藏层的小网络，如图 9-16 所示。

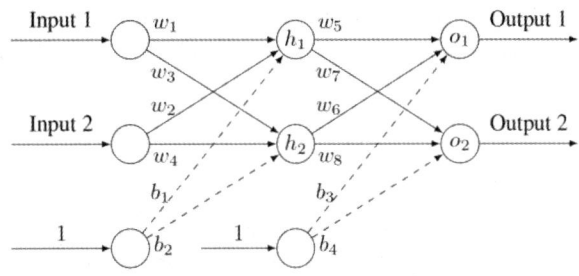

图 9-16　用于说明反向传播算法的 ANN

假设有两个观测结果：

样本	输入 1 i_1	输入 2 i_2	输出结果 1 T_1	输出结果 2 T_2
1	0.05	0.10	0.01	0.99
2	0.25	0.18	0.23	0.79

估计权重 w_1，…，w_8，b_1，b_2 的最优值。这里的 b_1 和 b_2 是偏差。为简单起见，为同一层中的两个节点分配相同的偏差。

步骤 1：将连接权值初始化为较小的随机值。这些初始权重如图 9-17 所示。

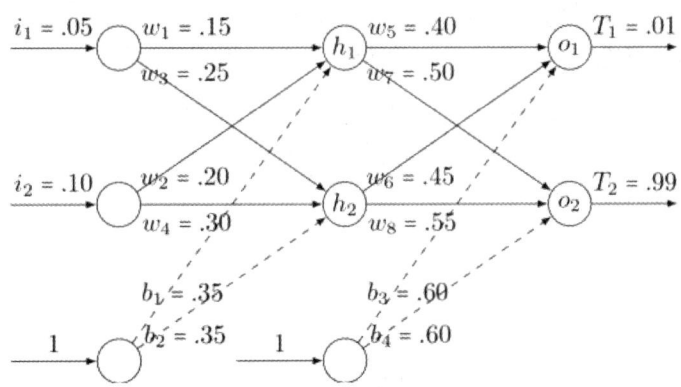

图 9-17　用于说明带有权重初始值的反向传播算法的 ANN

步骤 2：在网络中呈现出第一个输入样本和相应的输出目标。

步骤 3：将输入值传递到第一层（h_1 和 h_2 层）。

步骤 4：计算 h_1 和 h_2 的输出，并使用 logistic 激活函数：

$$f(x) = \frac{1}{1+e^{-x}}$$

$$\begin{aligned}
out_{h_1} &= f(w_1 \times i_1 + w_2 \times i_2 + b_1 \times 1) \\
&= f(0.15 \times 0.05 + 0.20 \times 0.10 + 0.35 \times 1) \\
&= f(0.3775) \\
&= \frac{1}{1+e^{-0.3775}} \\
&= 0.59327 \\
out_{h_2} &= f(w_3 \times i_1 + w_4 \times i_2 + b_2 \times 1) \\
&= f(0.25 \times 0.05 + 0.30 \times 0.10 + 0.35 \times 1) \\
&= f(0.3925) \\
&= \frac{1}{1+e^{-0.3925}} \\
&= 0.59689
\end{aligned}$$

步骤5：对每一层都重复这个过程，从输出层中的节点得到的输出如下：

$$\begin{aligned}
out_{o_1} &= f(w_5 \times out_{h_1} + w_6 \times out_{h_2} + b_3 \times 1) \\
&= f(0.40 \times 0.59327 + 0.45 \times 0.59689 + 0.60 \times 1) \\
&= f(1.10591) \\
&= \frac{1}{1+e^{-1.10591}} \\
&= 0.75137 \\
out_{o_2} &= f(w_7 \times out_{h_1} + w_8 \times out_{h_2} + b_4 \times 1) \\
&= f(0.50 \times 0.59327 + 0.55 \times 0.59689 + 0.60 \times 1) \\
&= f(1.22492) \\
&= \frac{1}{1+e^{-1.22492}} \\
&= 0.77293
\end{aligned}$$

输入误差的平方和为：

$$\begin{aligned}
E &= \frac{1}{2}(T_1 - out_{o_1})^2 + \frac{1}{2}(T_2 - out_{o_2})^2 \\
&= (0.01 - 0.75137)^2 + (0.99 - 0.77293)^2 \\
&= 0.298371
\end{aligned}$$

步骤6：后向阶段，调整权值。首先调整输出层中节点 o_1 和 o_2 的权值，然后调整隐藏层中节点 h_1 和 h_2 的权值。权重 $w_1, \cdots, w_8$，$b_1, \cdots, b_4$ 的调整值用 $w_1^+, \cdots, w_8^+$，$b_1^+, \cdots, b_4^+$ 表示。其中，学习率用 η 表示。在本次计算中，取 $\eta = 0.5$。

（1）计算调整后的权重，得出 o_1 和 o_2：

$$\delta_{o_1} = (T_1 - out_{o_1}) \times out_{o_1} \times (1 - out_{o_1})$$
$$= (0.01 - 0.75137) \times 0.75137 \times (1 - 0.75137)$$
$$= -0.13850$$

$$w_5^+ = w_5 + \eta \times \delta_{o_1} \times out_{h_1}$$
$$= 0.40 + 0.5 \times (-0.13850) \times 0.59327$$
$$= 0.35892$$

$$w_6^+ = w_6 + \eta \times \delta_{o_1} \times out_{h_2}$$
$$= 0.45 + 0.5 \times (-0.13850) \times 0.59689$$
$$= 0.40867$$

$$b_3^+ = b_3 + \eta \times \delta_{o_1} \times 1$$
$$= 0.60 + 0.5 \times (-0.13850) \times 1$$
$$= 0.53075$$

$$\delta_{o_2} = (T_2 - out_{o_2}) \times out_{o_2} \times (1 - out_{o_2})$$
$$= (0.99 - 0.77293) \times 0.77293 \times (1 - 0.77293)$$
$$= 0.03810$$

$$w_7^+ = w_7 + \eta \times \delta_{o_2} \times out_{h_1}$$
$$= 0.50 + 0.5 \times 0.03810 \times 0.59327$$
$$= 0.51130$$

（2）计算调整后的权重，得出 h_1 和 h_2：

$$\delta_{h_1} = (\delta_{o_1} \times w_5 + \delta_{o_2} \times w_7) \times \text{out}_{h_1} \times (1 - \text{out}_{h_1})$$
$$= (-0.13850 \times 0.40 + 0.03810 \times 0.50) \times 0.59327 \times (1 - 0.59327)$$
$$= -0.00877$$

$$w_1^+ = w_1 + \eta \times \delta_{h_1} \times i_1$$
$$= 0.15 + 0.5 \times (-0.00877) \times 0.05$$
$$= 0.14978$$

$$w_2^+ = w_2 + \eta \times \delta_{h_1} \times i_2$$
$$= 0.20 + 0.5 \times (-0.00877) \times 0.10$$
$$= 0.19956$$

$$b_1^+ = b_1 + \eta \times \delta_{h_1} \times 1$$
$$= 0.35 + 0.5 \times (-0.00877) \times 1$$
$$= 0.34562$$

$$\delta_{h_2} = (\delta_{o_1} \times w_6 + \delta_{o_2} \times w_8) \times \text{out}_{h_2} \times (1 - \text{out}_{h_2})$$
$$= (-0.13850 \times 0.45 + 0.03810 \times 0.55) \times 0.59689 \times (1 - 0.59689)$$
$$= -0.00995$$

$$w_3^+ = w_3 + \eta \times \delta_{h_2} \times i_1$$
$$= 0.25 + 0.5 \times (-0.00995) \times 0.05$$
$$= 0.24975$$

$$w_4^+ = w_4 + \eta \times \delta_{h_2} \times i_2$$
$$= 0.30 + 0.5 \times (-0.00995) \times 0.10$$
$$= 0.29950$$

$$b_2^+ = b_2 + \eta \times \delta_{h_2} \times 1$$
$$= 0.35 + 0.5 \times (-0.00995) \times 1$$
$$= 0.34503$$

步骤7：令

$$w_1 = w_1^+, \quad w_2 = w_2^+, \quad w_3 = w_3^+, \quad w_4 = w_4^+$$
$$w_5 = w_5^+, \quad w_6 = w_6^+, \quad w_7 = w_7^+, \quad w_8 = w_8^+$$
$$b_1 = b_1^+, \quad b_2 = b_2^+, \quad b_3 = b_3^+, \quad b_4 = b_4^+$$

接着为网络选择下一个样本输入和相应的输出目标，并重复步骤2至6。

步骤8：重复步骤7的过程，直到输出误差的均方根最小。

六、深度学习日常

大家可以看到，在本章的介绍中，我们并没有给出参数训练的具体公式。因为现实便是如此，将来你们在使用神经网络时，做得最多的工作就是确定神经网络的特征，包括网络的层数、每层节点的个数、前馈还是循环、是否有卷积、卷积的步长（这些下一节会介绍）等。而具体的神经网络的计算以及参数训练的过程，除非在科研机构从事深度学习的研究或者在知名大公司的研究部门负责深度学习算法的开发，可能需要亲自去撰写代码，否则只需要使用现成的代码库即可。

第三节　卷积神经网络

神经网络具有极强的处理非结构化数据（比如图片）的能力，但是大家也看到，神经网络的输入是一个向量，而对于图片而言，要将其各个像素拉长为一个向量，就会导致输入向量过程。例如，对于一个100×100像素的图片，其可输入的属性就有10 000个，这会导致神经网络中参数个数的急剧增加，因而一般先使用卷积操作从图片中提取关键信息。笔者将简单介绍卷积神经网络（CNN）的基本概念，包括张量、卷积操作、感受野、权重共享。

一、张量

张量是深度学习中数据的基本表示形式。可以把它想象成多维数组，也可以理解为一个数据容器，常见的几类张量如下：

（1）标量数据（0维张量）：单一数值，如5。

（2）向量数据（1维张量）：数字组成的数组，如[1，2，3]。

（3）矩阵数据（2维张量）：向量组成的数组，如$\begin{pmatrix} 1 & 2 \\ 3 & 4 \end{pmatrix}$。

（4）时间序列数据或序列数据（3维及以上）：将多个矩阵组合成一个新的数组，可以得到一个3维张量，可以直观理解为数字组成的立方体。例如股票价格数据集。每一分钟，我们将股票的当前价格、前一分钟的最高价格和前一分钟的最低价格保存下来。因此每一分钟被编码为一个3D向量，整个交易日被编码为一个形状为（390，3）的2D张量（一个交易日有390分钟），而250天的数据则可以保存在一个形状为（250，390，3）的3D张量中。这里每个样本是一天的股票数据。

（5）图像数据（4维张量）：图像数据通常被表示为4维张量，其维度通常包括样本数量、颜色通道数（RGB图像通道数为3）、高度、宽度。

（6）视频数据（5维张量）：视频数据比图像数据多一维，因为视频是由一系列帧（静态图像）构成的，通常被表示为5维张量：样本数量、帧数、颜色通道数（RGB图像通道数为3）、高度、宽度。

不同维度张量的示例图,如图 9-18 所示。

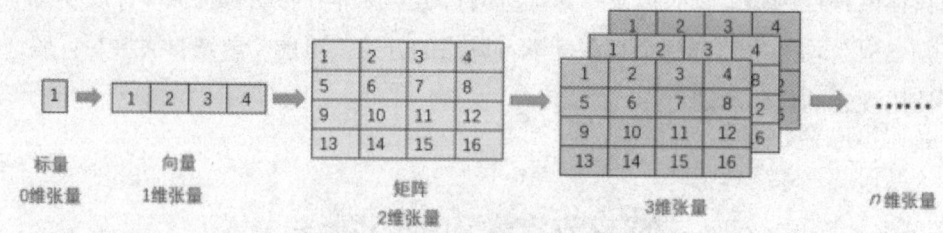

图 9-18　不同维度张量示例图

在卷积神经网络中,张量是输入、输出以及网络内部各层数据的主要形式。通过张量运算(如加法、乘法),可以高效地计算前向传播和反向传播过程。

二、卷积操作

(一)卷积的功能

卷积神经网络一般是用来做图像识别的,比如我们输入的图片里有 x 和 o,通过卷积神经网络就能识别出来它们是 x 和 o,但往往输入的图片不是左图这种规整的 x 和 o,而可能是不规整的 x 和 o,如图 9-19 所示。我们人眼能一眼识别,但是计算机就无法做到,因为图像是以张量数据的形式被储存的,如果把数据进行一一比对,计算机就会认为这是两种不一样的东西。

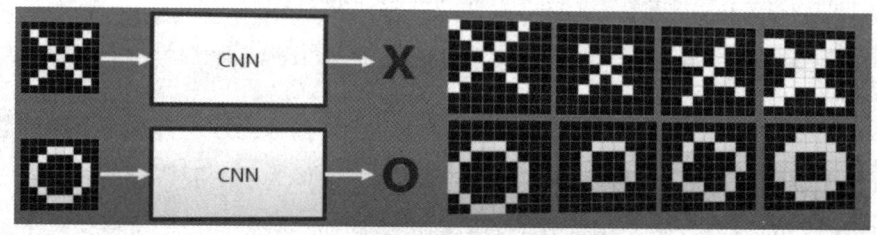

图 9-19　卷积神经网络识别图像过程

为了解决这个问题,人们发现,虽然整体的数据不一样,但是局部是有相似的地方,如图 9-20 所示。

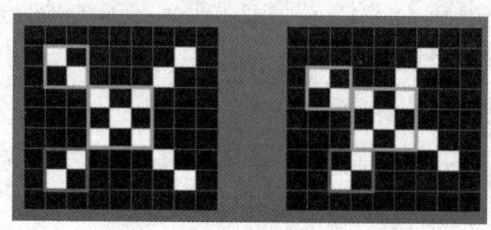

图 9-20　局部特征相似图示例

所以卷积神经网络运行的第一步就是要把图像的局部特征给挑出来,把这些特征交给神经网络,由神经网络去判断。而卷积操作就是提取局部特征,换句话说,就是对图像进行过滤,把某些特征保留下来的方法。

(二)卷积操作的原理

卷积操作的基本原理就是给定一个输入图像和一个称为卷积核(或滤波器)的小矩阵,卷积操作通过在图像上滑动卷积核,并将卷积核与图像的每个位置进行逐元素相乘,然后将结果相加,从而生成输出特征图。

假设我们有一个 5×5 的灰度图像和一个 3×3 的卷积核,

1. 卷积中的主要概念

(1)卷积核:一个可学习的权重矩阵,决定了感受野的大小,即每次卷积操作能够覆盖的输入区域大小。其大小通常远小于输入图像的大小,用于在输入图像上滑动并进行元素级的乘法累加操作。

(2)步长:决定了卷积核在输入图像或特征图上滑动的距离。步长为1表示每次滑动一个像素,步长大于1则表示每次滑动多个像素。

(3)填充:在输入图像或特征图的边缘添加额外的零值,以控制输出特征图的尺寸。常见的填充方式有"valid"(无填充)和"same"(填充后输出尺寸与输入相同)。

(4)通道数:对于输入图像,通道数指的是颜色通道数(如RGB图像的通道数为3)。对于卷积层,输出特征图的通道数由卷积核的数量决定。

(5)特征图:卷积操作的结果,每个特征图都代表了输入图像在不同卷积核下的特征响应。

2. 卷积操作的步骤

(1)选择卷积核:卷积核是一个可学习的参数矩阵,其大小(如 3×3、5×5 等)和数量(输出特征图的通道数)是超参数。通常在训练模型时,先对卷积核随机初始化,然后不断迭代卷积核和偏差。

(2)计算加权和:将卷积核的每个元素与覆盖的图像区域对应元素相乘,然后求和。并加上偏置项(如果有的话),得到输出特征图上对应位置的元素值。

(3)滑动卷积核窗口:将卷积核向右或向下滑动,重复步骤1和2,直到卷积核遍历完整个图像。

(4)添加激活函数:通常,卷积操作后会接一个激活函数(如ReLU),以提高网络的非线性特性。

3. 具体计算步骤

$$\text{图像(输入矩阵)}:\begin{bmatrix}3 & 3 & 2 & 1 & 0\\0 & 0 & 1 & 3 & 1\\3 & 1 & 2 & 2 & 3\\2 & 0 & 0 & 2 & 2\\2 & 0 & 0 & 0 & 1\end{bmatrix} \quad \text{卷积核(滤波器)}:\begin{bmatrix}0 & 1 & 2\\2 & 2 & 0\\0 & 1 & 2\end{bmatrix}$$

我们从输入图像的左上角开始。

（1）初始区域：

$$\begin{bmatrix}3 & 3 & 2\\0 & 0 & 1\\3 & 1 & 2\end{bmatrix}$$

（2）加权和计算：

$$3\times0+3\times1+2\times2+0\times2+0\times2+1\times0+3\times0+1\times1+2\times2=12$$

（3）输出矩阵的左上角为 12。

（4）移动卷积核：向右移动，覆盖下一个 3×3 区域，重复加权和计算。

（5）继续滑动：继续移动卷积核，直到计算完所有可能的区域。

具体计算过程的示意图，如图 9-21 所示。

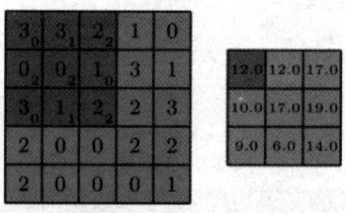

图 9-21　卷积操作的具体计算过程示意图

4. 最终输出

经过所有计算，最终输出将会是一个新的矩阵，通常被称为特征图。其尺寸会比输入图像小，具体大小取决于卷积核的大小、步长和填充方式。

假设输入形状是 $n_h\times n_w$，卷积核窗口形状是 $k_h\times k_w$，那么输出形状将会是 $(n_h-k_h+1)\times(n_w-k_w+1)$。填充和填充和步长，可以改编给定形状的输入和卷积核的输出形状。

5. 多输入通道和多输出通道的卷积

在应用时，真实数据的维度往往更高。例如，彩色图像在高和宽 2 个维度外还有 RGB

（红、绿、蓝）3个颜色通道。假设彩色图像的高和宽分别是 h 和 w（像素），那么它可以表示为一个 $3 \times h \times w$ 的多维数组。我们将大小为 3 的这一维称为通道维。

当输入数据含多个通道时，需要构造一个输入通道数与输入数据的通道数，相同的卷积核，从而能够与含多通道的输入数据做互相关运算。

设输入数据的通道数为 c_i，设卷积核窗口形状为 $k_h \times k_w$。

当 $c_i = 1$ 时，我们知道卷积核只包含一个形状为 $k_h \times k_w$ 的二维数组。

当 $c_i > 1$ 时，为每个输入通道各分配一个形状为 $k_h \times k_w$ 的核数组，即得到一个形状为 $c_i \times k_h \times k_w$ 的卷积核，在各个通道上对输入的二维数组和卷积核的二维核数组做互相关运算，再将这 c_i 个互相关运算的二维输出按通道相加，得到一个一维数组，如图 9-22 所示。

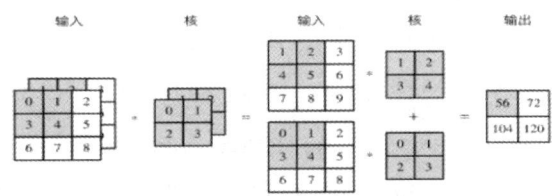

图 5.4 含2个输入通道的互相关计算

$(1 \times 1 + 2 \times 2 + 4 \times 3 + 5 \times 4) + (0 \times 0 + 1 \times 1 + 3 \times 2 + 4 \times 3) = 56$。

图 9-22　含 2 个输入通道的互相关运算

以上介绍的为多输入通道的情况，因为对各个通道的结果做了累加，所以不论输入通道数是多少，输出通道数总是为 1。

对于多输入且多输出通道的情况，设卷积核输入通道数和输出通道数分别为 c_i 和 c_o。高和宽分别为 k_h 和 k_w。如果希望得到含多个通道的输出，可以为每个输出通道分别创建形状为 $c_i \times k_h \times k_w$ 的核数组，卷积核的形状即 $c_o \times c_i \times k_h \times k_w$。在做互相关运算时，每个输出通道上的结果由卷积核在该输出通道上的核数组与整个输入数组计算而来。如图 9-23 所示。

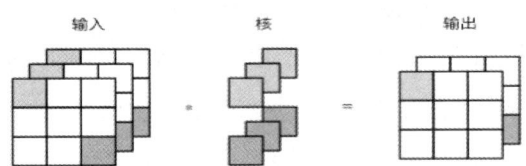

使用输入通道数为3、输出通道数为2的 1×1 卷积核的互相关计算。输入和输出具有相同的高和宽

图 9-23　输入通道为 3、输出通道为 2 的互相关运算

6. 通俗类比

可以将卷积想象成一个"放大镜",通过它来查看图像的某个局部区域。这个放大镜的形状(卷积核)决定了看到的特征。例如,某种特定形状的放大镜可以帮助人们识别边缘,另一种形状的放大镜可能更适合检测平滑的区域。

7. 卷积的应用

(1)边缘检测:常用的卷积核可以帮助我们找到图像中的边缘,如 Sobel 卷积核。

(2)模糊和锐化:使用不同的卷积核可以模糊或锐化图像。

(3)深度学习:在卷积神经网络(CNN)中,卷积操作用于自动提取图像的特征,以便进行分类、识别等任务。

8. 图像的卷积操作的功能

在图像上进行卷积操作其实是在看周围像素点对某一个像素点是如何产生影响的。这个卷积核点阵里面的数字不同,最后处理的图像效果也是不同的。例如下面这个卷积核,就是一个把周围像素点相加求平均的卷积核,它能使图片变得更平滑更朦胧。平滑,就是让周围像素点相差不要太大,那卷积核的意义就可以理解为,它规定了周围像素点是如何对当前像素点产生影响的。卷积操作过程如图 9-24 所示。

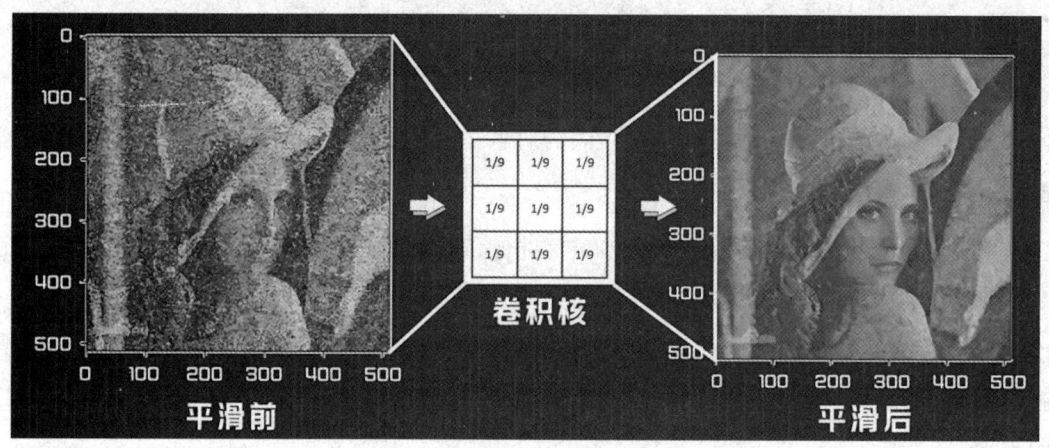

图 9-24 卷积操作过程

卷积还有一个功能,就是如果挑选的卷积合适,那最后它就可以对图片进行过滤,把某些特征保留下来,而其他特征就被过滤掉了,这样的卷积核也叫过滤器。

图 9-25 卷积过滤示意图

此时的卷积核和周围像素点相乘再相加就可以看成自己对周围像素点的一个试探，卷积核就是试探的模板，当不想考虑某个位置时，就可以把它设置成 0，而想要重点考虑的位置可以把这个位置的数值设置的比较高，从而实现主动的过滤保留操作。卷积过滤如图 9-25 所示。

三、感受野

感受野描述了网络中某一层的输出（通常是特征图上的一个像素点）所对应的输入图像上的空间范围。这个范围代表了该输出能够"看到"或影响的输入图像的区域，如图 9-26 所示。

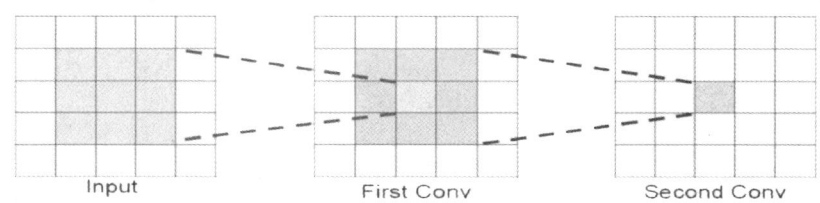

如果堆叠3个3×3的卷积层，并且保持滑动窗口步长为1，其感受野就是7×7的了，这跟一个使用7×7卷积核的结果是一样的，那为什么非要堆叠3个小卷积呢？

图 9-26 感受野示意图

（一）感受野的主要特征

1. 层次性

随着网络层次的加深，单个神经元的感受野会逐渐增大。这是因为每一层的输出会成为下一层的输入，从而使得信息的聚合范围扩大。

2. 抽象程度

较低层的神经元通常具有较小的感受野，它们倾向捕捉局部特征，如边缘等细节信息。而较高层的神经元具有较大的感受野，能够捕捉更抽象的特征，如形状、纹理或对象的一部分。

3. 全局与局部特征

较大的感受野有助于网络捕捉全局特征，而较小的感受野有助于捕捉局部特征。在某些任务中，结合这两种特征是必要的。

（二）感受野计算

以下是计算卷积神经网络中感受野的基本步骤：

1. 定义参数

（1）F_O：输出特征图上的特征点。

（2）F_i：输入特征图或原始图像的特征点。

（3）K：卷积核的大小。例如，（$K=3$）表示 3×3 的卷积核。

（4）S：步长，卷积核移动的像素数。

（5）P：填充，在输入特征图边缘添加的零像素数。

2. 初始感受野

在第一层，感受野直接等于卷积核的大小，因为此时没有其他层的影响。

3. 递归计算

对于后续的每一层，可以使用以下公式来计算感受野：

$$R_l = (R_{l-1} + K - 1)\times S_l + 1 \tag{10-1}$$

其中，R_1是第1层的感受野，S_1是第1层的步长。

4. 考虑池化层

如果在卷积层之间有池化层，池化层会减少感受野的增长。如果池化层的步长为（S_p），则需要调整感受野的计算：$R_l = R_{l-1}\times S_p$

5. 最终感受野

通过递归地应用上述公式，可以计算出网络中任何给定层的感受野大小。

另外，增加卷积神经网络中的感受野，通常意味着让网络能够捕捉到输入图像中更大范围的特征。增大卷积核、减少步长、减少池化层、增加网络深度、使用全局池化层等方法可以增加感受野。

四、权重共享

权重共享意味着每一个过滤器在遍历整个图像的时候，过滤器的参数（过滤器的参数的值）是固定不变的。

在卷积神经网络中，每个卷积层都会对输入数据进行卷积操作，并使用一个权重矩阵来计算输出。这些权重矩阵并不需要为每个神经元独立设置，而是可以在整个网络中进行共享。

通过权重共享，卷积神经网络可以更有效地处理大量的输入数据，降低了网络的复杂性，提高了网络的泛化能力。此外，权重共享还使得卷积神经网络具有了平移不变性，即对于输入数据的微小移动或变化，网络的输出结果仍然保持一致。

五、池化

池化能对特征进行压缩，能够降低卷积层对位置的过度敏感性。

同卷积层一样，池化层每次对输入数据的一个固定形状窗口（又称池化窗口）中的元素计算输出。池化窗口大小和步长是决定池化层输出尺寸的关键参数，窗口大小定义了覆盖区域，步长决定了滑动距离。

不同于卷积层里计算输入和核的互相关性，池化层直接计算池化窗口内元素的最大值或平均值、最小值作为输出结果，该运算也被分别叫作最大池化或平均池化、最小池化。

在二维最大池化中，池化窗口从输入数组的最左上方开始，按从左往右、从上往下的顺序，依次在输入数组上滑动。当池化窗口滑动到某一位置时，窗口中的输入子数组的最大值即输出数组中相应位置的元素。池化层对每个输入通道分别池化，而不是像卷积层那样将各通道的输入按通道相加。这意味着池化层的输出通道数与输入通道数相等，如图 9-27 所示。

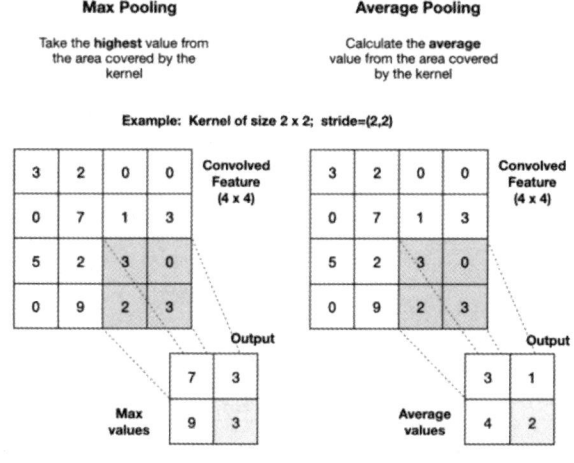

图 9-27　池化层作用过程图

六、网络构成

含有卷积操作的神经网络，称为卷积神经网络。卷积实际上是为了提取图片或者其他复杂张量数据中的特征，最终这些特征还是要输入一个常规的前馈神经网络中。所以，一个卷积神经网络通常由若干个卷积层（提取特征）、若干个池化层（降低特征维度）以及最后面的常规神经网络层（又称为全链接层）构成。

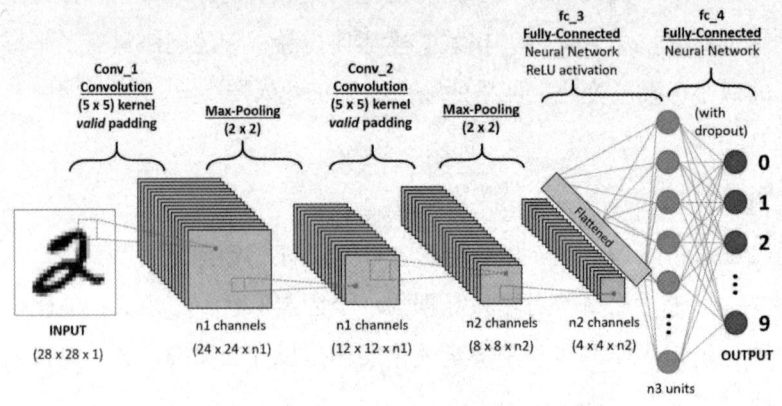

图 9-28　手写识别网络

如图 9-28 所示的手写识别网络，就包含了 2 个卷积层、2 个池化层，以及 1 个全链接层（常规神经网络层）。在卷积神经网络中，卷积层、池化层、全链接层的数量和位置都是由你自行决定的，但是卷积核中各个元素的值、全链接层的权重都是需要进行训练的参数。著名的 VGGNET-16，包含了 13 个卷积层、5 个池化层以及 3 个全链接层，共有超过 1 亿个参数，如图 9-29 所示。

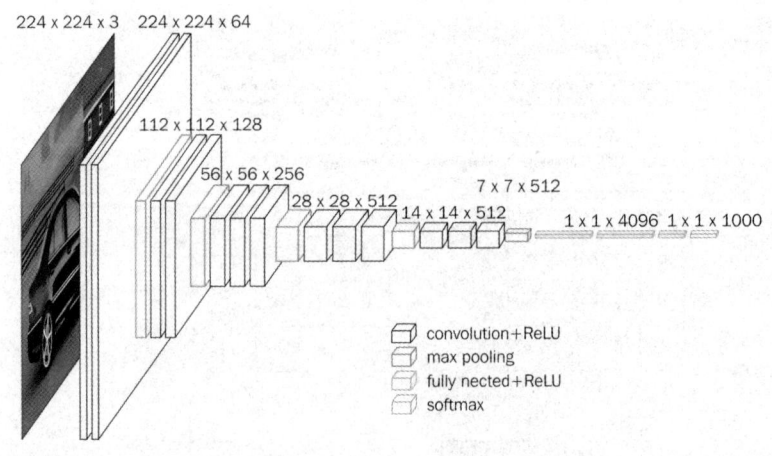

图 9-29　VGGNET-16 示例图

第四节 循环神经网络

一、基础模型

循环神经网络（RNN）模型是深度学习中最常见的网络模型之一，对于训练样本前后有关联的数据而言，RNN 有着一定优势，它具有一定的记忆功能，其核心思想是引入状态变量，用来表示网络对之前输入的记忆，标准的 RNN 模型一般包括输入层、隐藏层和输出层等结构，如图 9-30，左侧为简单形式，右侧则为展开结构，其中 x 表示输入单元，o 表示输出单元，s 表示隐藏单元，t 表示进行运算的次数，V、W、U 表示权重。

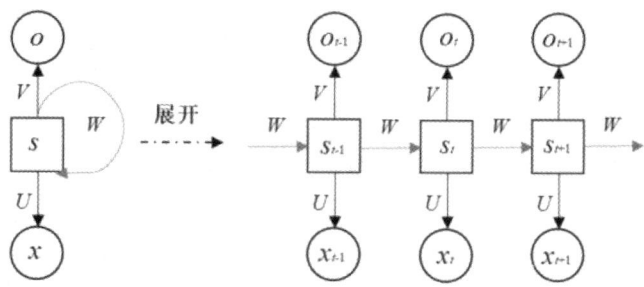

图 9-30 RNN 结构图

RNN 模型中的状态变量不仅与当前的输入 x 相关，还依赖于前一时刻的状态变量 h_{t-1}。这种时间上的依赖关系正是 RNN 模型记忆性的体现，使其能够存储和利用过去的信息。在每个时间步，RNN 还能产生一个输出值 y_t，这一输出通常可以通过特定的数学表达式进行表示：

$$y_t = g(W_{yh}h_t + b_y) \tag{10-1}$$

式中 g 表示激活函数，b_y 表示输出偏置项，W_{yh} 表示输出的权重矩阵。

在典型的 RNN 模型中，偏置项通常是一个固定的常数项，它代表了神经元中输入与先前状态的一个累加效果。这个偏置项在神经元的激活过程中起到重要作用，通过调整神经元的输出，使得整个网络模型能够更好地适应输入数据的变化。在 RNN 模型中，激活函数用于引入非线性变换，这样网络可以建立非线性关系并可进行相应的求解，通过前一时间的隐藏状态与当前时刻的输入共同进行线性变化，得到 RNN 神经网络中的隐藏状态。

在RNN模型中，参数求解包括多种方法，目前较为常用的是反向传播算法和随机梯度下降等优化方法。反向传播算法常常用来计算各个参数的梯度，同时反向传播需要对所有时间的状态进行链式求导。反向传播算法是用来求解网络模型参数的算法，其过程可以分为以下步骤：前向传播、计算误差、反向传播、参数更新。在实际应用中，为了提高计算效率和模型预测的准确性，通常会采用批量梯度下降作为反向传播算法的核心方法。这种方法通过一次性处理一批数据来更新模型的参数，从而显著提升了优化过程的效率。

通过对RNN进行相关介绍，再根据其特点，发现模型引入了W，说明它增加了一个新的评价维度，因此特别适合处理序列数据，如时间序列、语音、文本等。与传统的前馈神经网络不同，RNN的特点是它的网络结构中包含循环连接，这意味着网络可以在处理序列数据时"记住"之前的信息。

例如：当我们正在学习一门新语言，首先听到一个单词，然后听到下一个单词。在学习过程中，我们不仅要理解每个单词的意思，还要记住前面的单词，进而帮助我们更好地理解句子。RNN模型就像是这样一个学习者，它在处理序列数据时，会将前一个时间点的信息传递到下一个时间点，就像是在"记忆"一样。

在RNN中，每个时间步都有一个隐藏状态，这个隐藏状态包含了网络对当前输入以及之前所有时间步输入的理解。这个隐藏状态就像是网络的"记忆"，它会随着序列的推进而更新。在下一个时间步，当前的隐藏状态会与其对应的输入一起，通过网络的计算生成新的隐藏状态，同时也可能产生一个输出，如预测下一个单词是什么。

RNN的这种结构使它能够捕捉序列数据中的时间依赖性，也就是说，它可以理解序列中各个元素之间的关系。这在自然语言处理中非常有用，如在机器翻译、语音识别和文本生成等任务中，RNN可以根据前面的词语来预测或生成下一个词语。

不过，RNN也有它的局限性，如在处理非常长的序列时，它可能遇到所谓的"梯度消失"问题，这会导致网络难以学习到长距离的依赖关系。为了解决这些问题，后来发展出了一些变种，如长短期记忆网络（LSTM）和门控循环单元（GRU），这些网络通过引入特殊的"门"机制来更有效地处理序列数据中的长期依赖问题。

这种算法的优点是能够快速高效地求解神经网络模型的参数，并且可以应用于各种不同类型的神经网络模型。但是这种算法也可能出现梯度消失或者梯度爆炸的问题，其中梯度消失的问题主要是反向传播算法的连乘造成的，当梯度传播过多个时间时，梯度不断累乘，梯度逐渐减小，最终会导致梯度消失。梯度消失问题会使得RNN无法到达长期依赖关系，这不利于模型处理长时间序列数据。

二、长短期记忆网络模型

(一) LSTM 模型基本介绍

由于 RNN 不利于处理长时间序列数据,容易出现梯度消失或梯度爆炸的问题,RNN 变体的出现在一定程度上解决了这样的问题,此变体称为长短期记忆网络(LSTM),LSTM 是在 RNN 的基础上增加对过去状态的筛选,最终有效选择更有影响的状态,这样做能够有效避免梯度消失和爆炸等问题。目前 LSTM 神经网络在翻译、识别等方面取得了一定成功。

LSTM 相较于 RNN 在结构设计上更为复杂且精细,如图 9-31 所示。LSTM 引入了一个独特的记忆单元状态结构以及三个关键的门结构:遗忘门、输入门和输出门。这些新增的结构设计赋予 LSTM 处理长时间依赖关系的能力。

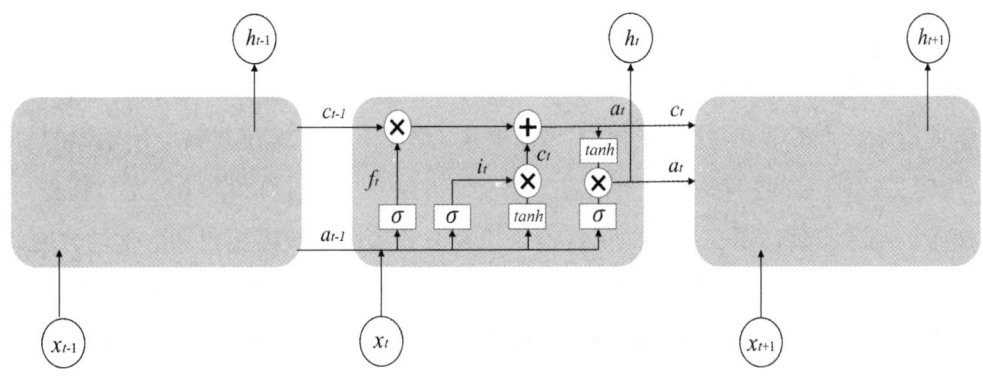

图 9-31 LSTM 结构图

长短期记忆网络(LSTM)是一种特殊的循环神经网络(RNN),它能够学习和记忆数据中的长期依赖关系。LSTM 的设计灵感来自人脑处理和储存信息的方式,它通过引入"门"的概念来精确地添加或删除信息,从而避免了传统 RNN 中常见的梯度消失问题,LSTM 模型包括一些核心组件:LSTM 的核心是细胞状态,这是一个贯穿整个网络的水平线,它可以携带并保存长期的信息。细胞状态的信息流动较少受影响,就像是一个传送带,确保信息能够顺利地传递。

LSTM 使用三个"门"来控制细胞状态:

(1) 遗忘门:决定哪些信息不再需要,并将其从细胞状态中移除。

(2) 输入门:决定哪些新的信息应该被加入细胞状态。

(3) 输出门:控制细胞状态中的哪些信息应该被用作当前时间步的输出。

通过具体"门",可以理解 LSTM 模型的工作原理,在每个时间步,LSTM 通过以下步骤更新细胞状态:

（1）遗忘门：通过一个 sigmoid 层决定哪些信息要丢弃。

（2）输入门：分为两部分，一部分是 sigmoid 层决定哪些新信息要更新，另一部分是 tanh 层创建一个新的候选值向量，这个向量会被添加到细胞状态中。

（3）细胞状态更新：结合遗忘门的信息丢弃和输入门的新信息，更新细胞状态。

（4）输出门：通过 sigmoid 层决定哪些部分的细胞状态将成为输出，然后将细胞状态通过 tanh 层（范围在 –1 到 1 之间）处理，最后与 sigmoid 层的输出相乘，得到最终的输出。

（二）LSTM 模型应用及发展

LSTM 包含三个主要的门：遗忘门、输入门和输出门，这些门共同工作，以控制信息的流入、流出和保留。遗忘门决定哪些信息将被丢弃，输入门决定哪些新信息将被添加到细胞状态中，输出门则决定哪些信息将被用作当前时间步的输出。

长短期记忆网络可以被比喻为一个智能的邮递员，负责在城市中传递包裹。这个邮递员非常聪明，知道如何处理沿途收到的各种指令和信息。

例如，邮递员在早上出发时手里拿着一份详细的送货路线地图。在途中，他可能接到一个新的指示，告诉他有些街道已经不再需要送货了。这时，邮递员就会使用他的"遗忘门"，决定丢掉那些不再需要的送货信息，以便他可以专注于当前和未来的送货任务。

接着，邮递员到达了一个新的街区，这里有一些紧急包裹需要投递。他的"输入门"就会打开，允许他接收这些新的送货信息，并决定哪些信息是重要的，需要立即行动。

邮递员的背包就好比是 LSTM 的"细胞状态"，它储存着一路上收集的所有重要信息。这个背包是封闭的，邮递员可以选择性地加入或移除物品，确保背包中始终携带着最关键的送货信息。在每个送货点，邮递员需要决定向顾客传递哪些信息。他的"输出门"会帮助他选择合适的信息来更新顾客，如包裹的状态或预计送达时间。

通过这种方式，LSTM 能够在处理序列数据时，有效地记住和更新重要信息，同时丢弃不再相关的数据。这种能力使得 LSTM 在自然语言处理等领域中非常有效，因为它能够处理和预测长距离的数据依赖关系。

由于 LSTM 能够有效地处理序列数据中的长期依赖关系，它在自然语言处理（NLP）领域有着广泛的应用。以下是 LSTM 的一些具体应用场景：

（1）机器翻译：LSTM 能够捕捉源语言和目标语言句子序列中的复杂依赖关系，提高翻译的质量和流畅度。

（2）语音识别：在语音识别任务中，LSTM 能够处理语音信号的时间动态，提高识别的准确性。

（3）情感分析：LSTM 可以分析文本中的情感表达，用于股票市场分析、产品评价等。

（4）文本生成：LSTM 能够生成连贯的文本，应用于聊天机器人、自动写作等。

（5）语言模型：LSTM 构建的语言模型能够预测给定文本序列中下一个最可能出现的词，是许多 NLP 任务的基础。

（6）问答系统：LSTM 有助于理解查询的意图和上下文，提供更准确的答案。

（7）命名实体识别（NER）：LSTM 可以识别文本中的特定名称，如人名、地点名和组织名。

（8）文本分类：LSTM 能够处理文本数据并进行分类，如垃圾邮件检测、情绪分类等。

LSTM 的这些应用展示了其在处理自然语言序列数据时的强大能力，尤其是在需要理解和利用长距离上下文信息的任务中。随着深度学习技术的不断进步，LSTM 及其变体在 NLP 领域的应用预计将继续扩展和深化。

三、门控循环单元模型

（一）GRU 基本介绍

门控循环单元（GRU）是一种循环神经网络的变种，用于处理序列数据，如文本、语音、时间序列等。GRU 是 LSTM 的简化形态，与 LSTM 相似的是，GRU 也保留现有信息并在现有信息内容的基础上添加经过过滤的信息，不同的是，GRU 将 LSTM 中的内存控制剔除，简化了 LSTM 的计算量。

GRU 的核心在于其创新的门控设计，将 LSTM 中的输入门对应为重置门，将输出门和遗忘门耦合为更新门，如图 9-32 所示。这两个门控单元共同决定了每个时刻的隐藏状态如何基于当前输入和前一时刻的隐藏状态进行更新。

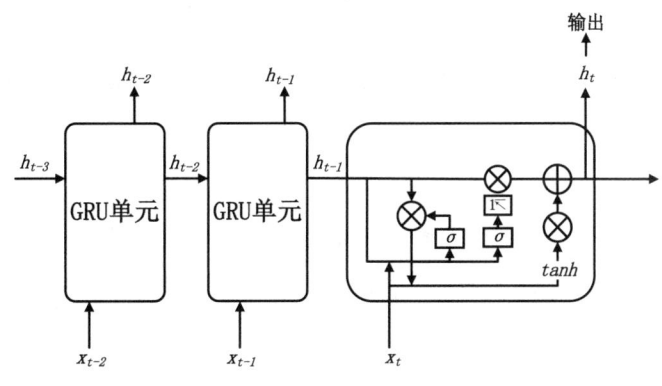

图 9-32　GRU 结构图

GRU 包含两种门组件和两种记忆状态。

1. 重置门

重置门，记为 r_t，这个门决定了上一时间步的记忆状态如何影响当前时间步的候选记忆内容。计算时会结合前一时间步的隐藏状态和当前输入，输出是一个 0 到 1 之间的值。值越接近 1 表示越多地保留之前的状态，越接近 0 表示遗忘越多旧状态。对应的数学表达如下：

$$r_t = \sigma(W_r x_t + U_r h_{t-1} + b_r) \tag{10-3}$$

其中，σ 为 Sigmoid 激活函数，W_r 和 U_r 分别为输入和隐藏状态到重置门的权重矩阵，b_r 为偏置项，x_t 为当前时刻的输入，h_{t-1} 为前一时刻的隐藏状态。

2. 更新门

更新门，记为 z_t，这个门决定了上一时间步的记忆状态有多少需要传递到当前时间步，以及当前的输入信息有多少需要加入新的记忆状态中。同样，它也是基于前一时间步的隐藏状态和当前输入计算得到的。对应的数学表达如下：

$$z_t = \sigma(W_z x_t + U_z h_{t-1} + b_z) \tag{10-4}$$

其中，W_z 和 U_z 分别为输入和隐藏状态到更新门的权重矩阵，b_t 为偏置项。

3. 候选记忆状态

候选记忆状态，记为 $\tilde{h}_t$，这是基于当前输入、前一时间步隐藏状态以及重置门的输出三者计算得到的。其中的重置门决定了如何"重置"旧的记忆状态，以便更好地整合新信息。对应的数学表达如下：

$$\tilde{h}_t = tanh(W_h x_t + U_h r_t \odot h_{t-1}) + b_h) \tag{10-5}$$

其中，$tanh$ 为双曲正切激活函数，W_h 和 U_h 分别为输入和重置门调整后的隐藏状态到候选隐藏状态的权重矩阵，b_h 为偏置项。

4. 最终记忆状态

最终记忆状态记为 h_t，通过结合更新门的输出和候选记忆状态以及上一时间步的记忆状态来计算得出的。其中更新门决定了新旧记忆的混合比例。对应的数学表达如下：

$$h_t = (1 - z_t) \odot h_{t-1} + z_t \odot \tilde{h}_t \tag{10-6}$$

（二）GRU 应用及发展

GRU 作为一种有效的序列建模工具，其简洁高效的架构、优良的性能表现使其在自然语言处理、语音识别、时间序列预测等诸多领域得到了广泛应用。尽管面临模型解释性、超参数敏感性等问题，但通过结合正则化技术、深度学习框架的优化以及硬件加速，GRU 在实际应用中依然展现出了强大的竞争力。GRU 的一些应用场景如下。

（1）自然语言处理：在文本分类、情感分析、机器翻译、问答系统等任务中，GRU 能够捕捉词语间的上下文依赖，提取语义特征。

（2）语音识别：GRU 能有效处理语音信号的时间序列特性，用于声学特征建模和序列标签预测。

（3）时间序列预测：在金融、气象、能源等领域，GRU 用于预测未来趋势，如股票价格、气温变化、电力需求等。

（4）生物信息学：在基因序列分析、蛋白质结构预测等任务中，GRU 用于捕获序列数据的内在规律。

随着计算资源的增长和深度学习理论的发展，GRU 可能进一步融入更先进的模型结构或训练策略。同时，针对特定任务或数据类型的定制化 GRU 变种，以及与自注意力机制、图神经网络等技术的融合，有望推动序列建模技术的进步，为更广泛的现实问题提供高效解决方案。

（三）Transformer 模型

1.Transformer 模型基本介绍

Transformer 模型（见图 9-33），是一种用于自然语言处理（NLP）和其他序列到序列任务的深度学习模型架构。Transformer 模型引入了自注意力机制，这是一个关键的创新，使其在处理序列数据时表现出色。

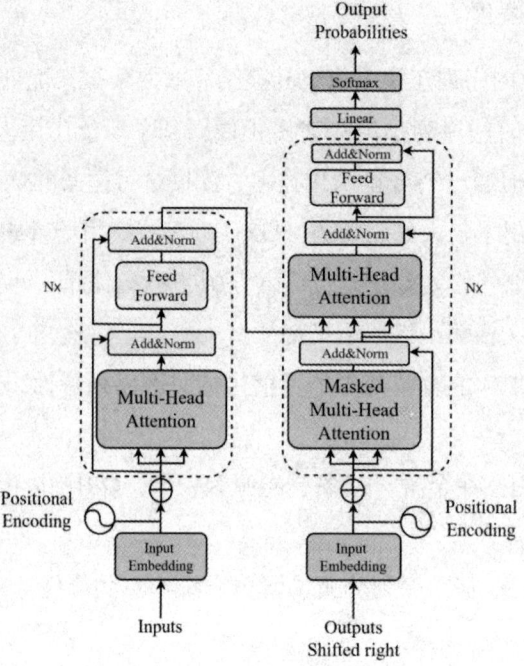

图 9-33 Transformer 结构图

Transformer 模型主要包含以下几个模块：

（1）自注意力机制：这是 Transformer 的核心概念之一，它使模型能够同时考虑输入序列中的所有位置，而不是像循环神经网络（RNN）或卷积神经网络（CNN）一样逐步处理。自注意力机制允许模型根据输入序列中的不同部分来赋予不同的注意权重，从而更好地捕捉语义关系。

（2）多头注意力：Transformer 中的自注意力机制被扩展为多个注意力头，每个头可以学习不同的注意权重，以更好地捕捉不同类型的关系。多头注意力允许模型并行处理不同的信息子空间。

（3）堆叠层：Transformer 通常由多个相同的编码器和解码器层堆叠而成。这些堆叠的层有助于模型学习复杂的特征表示和语义。

（4）位置编码：由于 Transformer 没有内置的序列位置信息，它需要额外的位置编码来表达输入序列中单词的位置顺序。

（5）残差连接和层归一化：这些技术有助于减少训练过程中的梯度消失和梯度爆炸问题，使模型更容易训练。

（6）编码器和解码器：Transformer 通常包括一个编码器用于处理输入序列和一个解码器用于生成输出序列，这使其适用于序列到序列的任务，如机器翻译。

2.Transformer 模型应用及发展

Transformer 模型强大表达能力和并行计算能力使其成为自然语言处理领域的一项重要技术，为自然语言处理技术的发展带来了新的机遇和挑战。尤其在语言建模和文本生成方面有着广泛的应用，包括但不限于以下几个方面。

（1）智能对话系统：用于生成自然、流畅的对话文本，提升智能对话系统的交互体验感。

（2）文本摘要生成：用于自动提取文本中的关键信息，生成简洁准确的文本摘要，方便用户快速了解文本内容。

（3）机器翻译：用于实现端到端的翻译系统，将一种语言翻译成另一种语言，提高翻译质量和效率。

（4）文本生成应用：如自动写作、故事生成、代码生成等，可以应用于自动化内容创作、创意生成等领域。

Transformer 模型在语言建模中具有以下优势：

（1）长依赖关系建模：由于自注意力机制的引入，Transformer 模型能够捕捉长距离的依赖关系，更好地理解文本的上下文信息，提高了语言建模的准确性。

（2）并行计算能力：Transformer 模型采用自注意力机制，使得每个单词的表示可以同时考虑到整个输入序列的信息，从而可以进行高效的并行计算，提高了训练和推理的效率。

（3）泛化能力强：Transformer 模型在大规模语料上进行预训练之后，可以产生具有丰富语义信息的词向量表示，使得模型在各种语言建模任务中都能有较好的性能。

Transformer 模型在文本生成任务中具有以下优势：

（1）灵活的生成方式：通过调整模型的输入和解码策略，Transformer 模型可以实现多种文本生成方式，如基于单词的生成、基于标记的生成、基于句子的生成等。

（2）生成多样性：Transformer 模型在文本生成过程中采用随机采样或束搜索等策略，可以生成多样性的文本，从而满足不同应用场景下的需求。

（3）上下文敏感性：Transformer 模型可以根据给定的上下文信息生成符合语境的文本，能够生成具有连贯性和合理性的文本序列。

Transformer 模型作为一种新颖的神经网络结构，在自然语言处理领域取得了巨大的成功。通过深入理解其原理、应用场景和实践指南，可以更好地应用 Transformer 模型解决实际问题，推动自然语言处理技术的发展。

附录 A

50	99	71	96	19	13	51	21	43	44	59	35	5
37	55	13	48	45	17	40	44	75	4	92	94	85
18	49	69	58	59	18	44	31	74	40	38	91	57
69	93	38	17	26	34	84	25	43	69	56	84	12
90	30	49	45	10	27	5	65	23	5	95	71	58
51	28	6	99	21	60	87	78	33	59	17	17	7
68	31	89	43	99	54	62	38	43	61	36	10	19
31	65	26	5	11	49	15	41	64	73	15	19	34
28	89	37	47	69	69	3	21	60	67	50	36	49
70	70	58	16	56	50	100	52	25	77	34	85	23
54	12	84	40	7	48	86	46	52	83	63	95	72
67	11	29	83	46	52	31	81	34	40	98	0	43
36	42	69	40	79	19	36	51	80	5	75	78	26
17	44	43	79	83	63	5	76	8	68	71	75	70
45	39	90	75	33	85	68	81	79	55	94	55	32
32	47	72	67	90	77	96	27	87	95	50	4	54
4	54	26	60	33	43	56	65	77	55	15	13	36
70	17	67	67	8	54	43	80	26	23	62	33	27
83	60	50	29	93	83	58	55	66	88	99	59	27
60	48	55	54	61	20	87	93	40	67	32	42	29
90	93	90	67	95	78	52	53	97	69	86	42	99
90	64	99	3	27	79	87	60	67	23	17	12	14
6	71	70	88	32	52	59	28	24	93	61	20	98
30	38	21	73	30	68	53	85	4	71	97	74	9
73	41	67	100	93	69	50	65	61	63	13	23	68
63	23	58	8	28	18	49	80	26	95	63	60	84
45	10	42	52	44	27	81	34	98	8	79	7	100
66	90	23	82	51	12	20	67	88	57	11	80	79
54	22	65	17	30	11	11	91	22	21	16	8	53
82	69	0	93	38	86	54	68	20	11	21	96	57
72	27	71	25	77	11	13	76	2	68	100	97	83

附录 B

Z	0	0.01	0.02	0.03	0.04	0.05	0.06	0.07	0.08	0.09
0.0	0.5000	0.5040	0.5080	0.5120	0.5160	0.5199	0.5239	0.5279	0.5319	0.5359
0.1	0.5398	0.5438	0.5478	0.5517	0.5557	0.5596	0.5636	0.5675	0.5714	0.5753
0.2	0.5793	0.5832	0.5871	0.5910	0.5948	0.5987	0.6026	0.6064	0.6103	0.6141
0.3	0.6179	0.6217	0.6255	0.6293	0.6331	0.6368	0.6406	0.6443	0.6480	0.6517
0.4	0.6554	0.6591	0.6628	0.6664	0.6700	0.6736	0.6772	0.6808	0.6844	0.6879
0.5	0.6915	0.6950	0.6985	0.7019	0.7054	0.7088	0.7123	0.7157	0.7190	0.7224
0.6	0.7257	0.7291	0.7324	0.7357	0.7389	0.7422	0.7454	0.7486	0.7517	0.7549
0.7	0.7580	0.7611	0.7642	0.7673	0.7704	0.7734	0.7764	0.7794	0.7823	0.7852
0.8	0.7881	0.7910	0.7939	0.7967	0.7995	0.8023	0.8051	0.8078	0.8106	0.8133
0.9	0.8159	0.8186	0.8212	0.8238	0.8264	0.8289	0.8315	0.8340	0.8365	0.8389
1.0	0.8413	0.8438	0.8461	0.8485	0.8508	0.8531	0.8554	0.8577	0.8599	0.8621
1.1	0.8643	0.8665	0.8686	0.8708	0.8729	0.8749	0.8770	0.8790	0.8810	0.8830
1.2	0.8849	0.8869	0.8888	0.8907	0.8925	0.8944	0.8962	0.8980	0.8997	0.9015
1.3	0.9032	0.9049	0.9066	0.9082	0.9099	0.9115	0.9131	0.9147	0.9162	0.9177
1.4	0.9192	0.9207	0.9222	0.9236	0.9251	0.9265	0.9279	0.9292	0.9306	0.9319
1.5	0.9332	0.9345	0.9357	0.9370	0.9382	0.9394	0.9406	0.9418	0.9429	0.9441
1.6	0.9452	0.9463	0.9474	0.9484	0.9495	0.9505	0.9515	0.9525	0.9535	0.9545
1.7	0.9554	0.9564	0.9573	0.9582	0.9591	0.9599	0.9608	0.9616	0.9625	0.9633
1.8	0.9641	0.9649	0.9656	0.9664	0.9671	0.9678	0.9686	0.9693	0.9699	0.9706
1.9	0.9713	0.9719	0.9726	0.9732	0.9738	0.9744	0.9750	0.9756	0.9761	0.9767
2.0	0.9772	0.9778	0.9783	0.9788	0.9793	0.9798	0.9803	0.9808	0.9812	0.9817
2.1	0.9821	0.9826	0.9830	0.9834	0.9838	0.9842	0.9846	0.9850	0.9854	0.9857
2.2	0.9861	0.9864	0.9868	0.9871	0.9875	0.9878	0.9881	0.9884	0.9887	0.9890
2.3	0.9893	0.9896	0.9898	0.9901	0.9904	0.9906	0.9909	0.9911	0.9913	0.9916
2.4	0.9918	0.9920	0.9922	0.9925	0.9927	0.9929	0.9931	0.9932	0.9934	0.9936
2.5	0.9938	0.9940	0.9941	0.9943	0.9945	0.9946	0.9948	0.9949	0.9951	0.9952
2.6	0.9953	0.9955	0.9956	0.9957	0.9959	0.9960	0.9961	0.9962	0.9963	0.9964
2.7	0.9965	0.9966	0.9967	0.9968	0.9969	0.9970	0.9971	0.9972	0.9973	0.9974
2.8	0.9974	0.9975	0.9976	0.9977	0.9977	0.9978	0.9979	0.9979	0.9980	0.9981
2.9	0.9981	0.9982	0.9982	0.9983	0.9984	0.9984	0.9985	0.9985	0.9986	0.9986
3.0	0.9987	0.9987	0.9987	0.9988	0.9988	0.9989	0.9989	0.9989	0.9990	0.9990

参考文献

[1] 王公达 . 市场调查 [M]. 上海：复旦大学出版社，2009.

[2] 施俊琦 . 市场调查 [M]. 北京：原子能出版社，2006.

[3] 辛磊，王倩，孙膑 . 市场调查与预测 [M]. 上海：上海交通大学出版社，2021.

[4] 陶广华，吴倩君，万青 . 市场调查与分析（第 2 版）[M]. 北京：北京理工大学出版社，2020.

[5] 王云蔚 . 市场调查与分析 [M]. 北京：中国传媒大学出版社，2020.

[6] 闫秀荣 . 市场调查与预测 [M]. 上海：上海财经大学出版社，2009.

[7] 刘攀 . 市场调查与预测（第 2 版）[M]. 北京：对外经济贸易大学出版社，2018.

[8] 万华，唐羽 . 现代市场调查与预测 [M]. 北京：北京理工大学出版社，2018.

[9] 叶伟 . 市场调查与预测（第 2 版）[M]. 北京：北京理工大学出版社，2018.

[10] 李雨静 . 市场调查与分析实务 [M]. 北京：北京理工大学出版社，2017.

[11] 田贺云，司爱丽，莫梦雅 . 大数据背景下市场调查与预测课程教学模式探究 [J]. 福建轻纺，2024（8）：74-76.

[12] 胡银花，徐秋萍 ."学、训、赛"三维融合的教学改革探索——以"市场调查与预测"课程为例 [J]. 西部素质教育，2023，9（24）：10-13.

[13] 李刚 . 市场调查与预测一流课程建设影响因素量化研究——基于新商科课程国家标准 [J]. 新疆职业大学学报，2023，31（4）：49-53.

[14] 张春雨，叶燕梁，徐佳燕 . 浅析高校市场调查与预测课程教学改革 [J]. 现代职业教育，2023（15）：45-48.

[15] 徐倩 . 基于 OBE 理念的市场调查与预测课程重塑与实践 [J]. 对外经贸，2023（2）：146-149.

[16] 徐慧丽，刘力 . 大数据背景下《市场调查与预测》教学改革探索 [J]. 创新创业理论研究与实践，2022，5（24）：32-34.

[17] 冯瑜 . 项目式教学在市场调查与预测课程中的应用 [J]. 老字号品牌营销，2021（10）：143-144.

[18] 张功翠.《市场调查与预测》课程教学改革调查研究 [J]. 产业与科技论坛,2021,20(9)：101-102.

[19] 宗秋云. 大数据时代市场调查与预测课程的教学改革 [J]. 辽宁高职学报,2020,22（5）：30-33.

[20] 韩二东. 大数据时代背景下市场调查与预测课程教学模式改革研究 [J]. 高教学刊,2019（17）：138-140.

[21] 郑宇. 新产品上市筛选中团队沟通内容对决策质量的影响研究 [D]. 长沙：湖南大学,2023.

[22] 周经建. 科技型中小企业成长问卷设计 [D]. 南京：南京大学,2020.

[23] 李方方. 基于混合学习的翻转课堂下中职市场调查与分析课程的教学设计研究 [D]. 贵阳：贵州师范大学,2018.

[24] 黄希芬. 二型组合问卷模型：对完全敏感的二值变量与相关的非敏感的二值变量的一种新问卷设计 [D]. 昆明：云南师范大学,2014.

[25] 王海斌. 基于二手数据的上市公司海外扩张策略对企业绩效的影响研究 [D]. 成都：电子科技大学,2014.

[26] 周雪. 用户研究中的问卷设计理论建模 [D]. 北京：北京邮电大学,2014.

[27] 黄璐. 基于社交网络的调查问卷设计研究 [D]. 济南：山东师范大学,2011.

[28] 张立军. 网络购物市场统计调查与分析的方法研究 [D]. 天津：天津财经大学,2009.

[29] 胡振林. 市场调研、预测与决策分析 [D]. 武汉：武汉大学,2005.

[30] 周江. 面向新产品开发的市场调查理论及应用研究 [D]. 重庆：重庆大学,2004.